LA SALLE D'ASILE

DE CHAMBÉRY

DISCOURS DE RÉCEPTION

PRONONCÉ A L'ACADÉMIE DE SAVOIE

DANS LA SÉANCE SOLENNELLE

DU 14 DÉCEMBRE 1893

PAR

L'ABBÉ LÉON BOUCHAGE

Aumônier des Sœurs de Saint-Joseph de Chambéry

DEUXIÈME ÉDITION

CHAMBÉRY

IMPRIMERIE BOTTERO, C. DRIVET Succʳ

MDCCCXCIV

LA SALLE D'ASILE

DE CHAMBÉRY

LA SALLE D'ASILE

DE CHAMBÉRY

—⁂—

DISCOURS DE RÉCEPTION

PRONONCÉ A L'ACADÉMIE DE SAVOIE

DANS LA SÉANCE SOLENNELLE

DU 14 DÉCEMBRE 1893

PAR

L'ABBÉ LÉON BOUCHAGE

Aumônier des Sœurs de Saint-Joseph de Chambéry

DEUXIÈME ÉDITION

CHAMBÉRY

IMPRIMERIE BOTTERO, C. DRIVET Succr

MDCCCXCIV

LA SALLE D'ASILE DE CHAMBÉRY

DISCOURS DE RÉCEPTION

LU A L'ACADÉMIE DE SAVOIE

Dans la Séance solennelle du 14 Décembre 1893

Messieurs,

Depuis que j'ai eu la joie de recevoir mon diplôme de membre effectif résidant de l'Académie de Savoie, la Vanité, cette dangereuse sirène, est venue murmurer bien des choses enchanteresses à mon oreille. Je vous égayerais, si je vous citais quelques-unes des audacieuses flatteries de cette *étournelle*. Mais, Dieu aidant, je crois avoir échappé à ses perfidies, et je vous arrive sans m'être mépris sur la nature des motifs qui vous ont déterminés à m'appeler à l'honneur de prendre place au milieu de vous.

Si quelques publications, très modestes d'ailleurs, inspirées par l'amour de mon pays et de l'Eglise, m'ont valu l'avantage de voir votre Compagnie arrêter ses regards sur moi, c'est assurément beaucoup moins à leur valeur, j'en ai l'intime conviction, qu'à votre bienveillance et au caractère dont je suis revêtu que je dois d'avoir obtenu vos suffrages.

Aussi, pour calmer l'émotion qui m'a saisi tout à l'heure, quand j'ai franchi le seuil de cette enceinte, où vous m'avez préparé un si noble accueil, je vous prie d'ajouter une grâce à celle que vous m'avez déjà faite : c'est de ne point attendre de moi un remercîment proportionné à la grandeur de votre faveur. Ce n'est pas que je n'en aie une extrême reconnaissance, mais comment vous l'exprimer assez ?

D'un prêtre de position très humble, votre condescendance a fait le confrère des hommes les plus distingués de la Savoie, de ceux que les contemporains saluent, avec orgueil, aux premiers rangs des sciences, des lettres et des arts.

Du moins, je tiens à vous dire combien je suis heureux de penser que, désormais, je pourrai jouir de votre commerce si précieux, profiter de vos lumières et m'animer au travail par l'émulation de vos exemples. Et si, comme je le prévois déjà, les obligations d'un ministère très occupé m'empêchent de vous imiter de près, soyez certains que vous ne trouverez en personne plus d'empressement pour vous écouter, pour vous admirer et pour semer des fleurs sur vos triomphes.

Cependant, vous désirez que, passant des paroles aux actes, je vous donne dès aujourd'hui une preuve de ma bonne volonté ; je vais obéir.

Je ne suis pas allé chercher mon sujet dans les sphères élevées : la taille de mon esprit ne saurait y atteindre, et c'est pour moi surtout que la Sagesse éternelle a écrit ce conseil : *Altiora te ne quæsieris* (Eccli. iii, 22) ; ni dans les siècles archéologiques, je n'en avais pas le loisir, et l'attrait moins encore. J'ai mis en pratique une des recommandations du maître et de l'ami de ma jeunesse sacerdotale, M. le chanoine Léon Rosset, professeur au Grand-Séminaire de Chambéry, mort vicaire général de ce diocèse. Cet homme remarquable, aussi humble que savant, me disait un jour : *Voulez-vous faire du bien? Travaillez, prenez de la peine sur le fonds auquel la Providence vous attachera.* J'ai donc étudié une institution qui fleurit actuellement dans l'enclos de mon aumônerie de Saint-Joseph, la Salle d'Asile de Chambéry, et je viens vous en parler. Puissé-je réussir à vous intéresser et à ne point vous fatiguer !

§ 1er

La Salle d'Asile de 1845 à 1848

On désigne sous le nom de Salles d'Asile des établissements d'éducation où les enfants des deux sexes sont admis depuis l'âge de deux à trois ans jusqu'à six ou sept, et où ils reçoivent pendant le jour, avec les soins de surveillance maternelle réclamés par leur âge, les premières notions d'éducation religieuse, de lecture, d'écriture, de grammaire, de calcul, de musique, de dessin et de leçons de choses.

« L'institution des Salles d'Asile, dit avec plus de précision M. Dupiney de Vorrepierre en son *Encyclopédie*, a pour but : 1º de mettre les enfants des classes laborieuses à l'abri des accidents et de la contagion des mauvais exemples auxquels ils sont exposés, lorsque leurs parents, obligés de vaquer à leur travail habituel, sont dans la nécessité de les laisser sans surveillance ; 2º de préparer l'éducation religieuse et morale de ces enfants ; 3º de seconder le développement de leurs forces physiques et de leur intelligence au moyen de leçons et d'exercices appropriés à leur âge. »

Ces établissements de haute utilité sont un bienfait pour les parents appartenant à la classe ouvrière.

La première maison de ce genre dont il faut rattacher l'idée-mère aux enseignements de Notre-Seigneur Jésus-Christ ainsi qu'aux exemples de charité pour les enfants de saint Joseph Cazalanz au XVIe siècle, à Rome, de saint Vincent de Paul au XVIIe, à Paris, fut fondée en 1761,

dans un petit village des Vosges, par le pasteur protes-
tant Oberlin, aidé d'une pauvre villageoise, Louise
Schœppler.

Dès 1801, Paris eut un essai de Salle d'Asile établie
par Mme la marquise de Pastoret et par Sœur Françoise.
Mais ce ne fut qu'en 1826 et après les succès obtenus en
Angleterre depuis 1819 par Robert Owen, que l'œuvre
commença de se répandre activement. A cette époque,
un comité, dirigé par M. l'abbé Desgenettes et composé
des Dames de Charité les plus dévouées, s'imposa la
mission de multiplier les Salles d'Asile. Après des débuts
très pénibles, grâce au concours intelligent et généreux
de M. Denys Cochin, l'entreprise réussit pleinement. Les
Salles d'Asile se multiplièrent rapidement, non seulement
à Paris, mais encore dans toute la France. Placées, en
1829, sous la direction du Conseil général des Hospices,
elles devinrent, en 1833, une des branches de l'instruction primaire et comme la première assise de l'éducation
nationale.

En Savoie, la première Salle d'Asile qui fut établie est,
à notre connaissance, celle d'Annecy ; elle date de l'épis-
copat de Mgr Rendu, ancien secrétaire perpétuel de cette
Académie, et de l'année 1843. La seconde est celle de
Montmélian, qui la doit à son pieux curé, M. l'abbé
Pajean ; elle date de 1844. La troisième est celle de Chambéry, et ce sont les Dames de Marie qui l'ont fondée en
1845, de concert avec les Sœurs de Saint-Joseph.

La décision de cette fondation fut prise le vendredi
11 juillet 1845, fête de saint Pie, pape et martyr, chez
Mme la présidente de la Congrégation, baronne de Vignet.
Celle-ci, après avoir mûrement étudié la question avec le

R. Père Peyssard, directeur de la Congrégation, et son conseil, avait convoqué'les Dames de Marie pour ce jour-là, en son hôtel de la place du Château. Elle leur exposa le but des Salles d'Asile, leur incontestable utilité, la possibilité d'en établir une à Chambéry, les moyens adoptés pour la commencer et pour la soutenir, et leur proposa d'accepter le patronage de cette œuvre, moyennant, bien entendu, l'approbation de Mgr l'Archevêque. L'assemblée entière adopta la proposition de sa zélée présidente, et l'on se mit sans retard au travail.

Mgr Billiet, qui favorisait de tout son pouvoir la diffusion de l'instruction primaire, applaudit au projet, assurant ces Dames de toute sa protection et de toutes ses bénédictions.

Les Sœurs de Saint-Joseph, priées de prendre la direction de l'Asile comme institutrices, acceptèrent avec empressement. Aussitôt, leur Supérieure générale, la R⁴ᵉ Mère Marie-Félicité Veyrat, partit pour Annecy afin d'étudier sur place le fonctionnement de la Salle d'Asile que dirigeaient les Sœurs de Saint-Joseph de cette ville. Elle emmenait avec elle les deux Sœurs qu'elle avait choisies pour placer à la tête de la nouvelle école maternelle, Sœur Saint-Jean Boissat et Sœur Marie-Xavier Farnier. Ces deux Religieuses eurent bientôt fait de s'initier convenablement à la méthode, et revinrent à Chambéry, prêtes à commencer dès que les préparatifs de local et d'ameublement seraient achevés.

De leur côté, les Dames de Marie s'étaient mises à l'œuvre avec enthousiasme, recrutant des associées, quêtant des souscriptions et des sympathies, entraînant toute la population en faveur de leur patriotique et chrétienne entreprise. Mᵐᵉ la comtesse Eugène de Costa, qui se distinguait entre toutes par son entrain judicieux, fut nommée trésorière spéciale de cette caisse ; un règlement fut adopté ; les lumières du Saint-Esprit solennellement demandées dans la réunion à la chapelle du 28 novembre, et le 1er décembre de la même année 1845, la Salle d'Asile s'ouvrait dans un local de la dépendance du couvent des Sœurs de Saint-Joseph.

On y reçut d'abord 50 petites filles seulement. Deux mois après, grâce aux libéralités du roi Charles-Albert et de la reine Marie-Thérèse, ainsi que de LL. AA. RR. le prince héritier Victor-Emmanuel et la princesse Marie-Adélaïde, son épouse, on put admettre aussi des petits garçons ; le nombre de ces derniers s'éleva, dans le cours de l'année, à une centaine.

L'année 1846 fut employée à l'organisation de l'Œuvre, dont le succès grandissant demandait une administration sérieuse et particulière. Dans la réunion du 26 mars 1846, qui eut lieu, en l'absence de la présidente, chez Mme la comtesse Pauline d'Aviernoz, sous la présidence du directeur, le R. Père Peyssard, on établit une commission spéciale pour la Salle d'Asile et distincte du conseil de la Congrégation. La commission fut composée de la présidente, Mme de Vignet, de la trésorière, Mme de Costa, et de quatre zélatrices, une pour chaque paroisse de la ville, savoir : Mme Bouchet, pour la Métropole ; Mme du Verger, pour Notre-Dame ; Mme Revet, pour Lémenc, et Mme Dupuy, pour Maché.

Cette commission fut investie des attributions suivantes : 1° se rendre à la Salle d'Asile à la Toussaint et à Pâques de chaque année, pour recevoir les demandes d'admission des enfants et prendre les renseignements nécessaires ; 2⁰ déterminer, dans la quinzaine suivante, les admissions, en prenant pour règle fondamentale de préférer toujours les enfants les plus pauvres, moyennant qu'ils présentent les conditions requises ; 3⁰ veiller à l'exécution des règlements, et, lorsque les circonstances l'exigeront, se réunir chez la présidente pour en conférer ; 4⁰ faire un rapport annuel à la Congrégation, à qui seule appartient le patronage spécial de cette Œuvre et à la sollicitude de qui elle est principalement confiée.

Cette organisation fut complétée dans les réunions des 28 novembre et 19 décembre, par les cinq décisions qui suivent : 1⁰ le produit des quêtes à la chapelle sera exclusivement affecté au soutien de la Salle d'Asile ; 2⁰ la Congrégation continuera de solliciter les souscriptions de la charité publique en faveur de cette Œuvre ; 3⁰ les Dames de Marie se réuniront chez Mᵐᵉ la présidente le lundi de chaque semaine, depuis le premier lundi de janvier jusqu'à Pâques, de deux à quatre heures de l'après-midi, pour y travailler à la confection des vêtements à distribuer aux enfants de la Salle d'Asile qui en auraient le plus besoin ; la fête des saints Innocents est la fête patronale de l'Œuvre; les enfants seront conduits ce jour-là à la Métropole, où, avec la permission de Mgr l'Archevêque, M. le Directeur célébrera la sainte Messe, fera une instruction et donnera la bénédiction du Très Saint-Sacrement ; au retour, on servira aux enfants un déjeuner, « afin de leur laisser un nouveau souvenir des jours heureux qu'ils passent à l'Asile ; » 5⁰ outre la secrétaire de la Congrégation, il y aura une sous-secrétaire chargée spécialement des écritures de l'Œuvre nouvelle.

Ainsi se passa la première année de la Salle d'Asile. Du côté des Dames de Marie, aménager le local de l'école, le meubler, organiser l'administration et quêter partout des aumônes pour l'entretien de l'Œuvre. Du côté des Sœurs, recevoir les enfants de trois à sept ans, les garder toute la journée, présider comme des mères à leurs jeux, à leurs repas, à leur sommeil, et s'efforcer avec une patience angélique d'ouvrir leurs âmes innocentes aux rudiments du catéchisme, de l'instruction primaire et de la vie chrétienne.

Conformément à son devoir, la commission d'administration dressa, sur ce premier exercice, un rapport qui parut dans le *Courrier des Alpes* du 26 décembre 1846, et que nous sommes heureux de reproduire :

« Nous avons déjà entretenu nos lecteurs d'une Œuvre bien intéressante, celle des Salles d'Asile pour l'enfance. Cette Œuvre, en effet, mérite toutes nos sympathies et se recommande d'elle-même à la charité publique, qui est son unique soutien. Au moment où la Salle d'Asile vient d'être rouverte, et où, par conséquent, elle a besoin du concours des personnes généreuses, nous ne pouvons mieux faire que d'exposer sa situation financière, d'après le compte rendu de l'exercice échu qui nous a été communiqué.

« L'Asile a été ouvert le 1er décembre 1845; on y a d'abord reçu les petites filles au nombre de cinquante; c'était tout ce que permettaient les ressources de l'Œuvre. Dans le mois de janvier 1846, un don fait par LL. MM. et LL. AA. RR. leurs augustes fils, a permis de faire les dépenses nécessaires pour pouvoir y admettre les petits garçons, dont le nombre s'est élevé, dans le cours de l'année, à une centaine.

« Les parents ont constamment montré le plus grand empressement à profiter des avantages de cette institution, et le nombre des admissions a toujours été bien au-dessous du nombre des demandes. Celles-ci sont examinées par un comité chargé de prendre les informations convenables auprès de MM. les Curés et des Dames de Charité, et de prononcer sur les admissions, de manière à n'admettre que les enfants dont les parents sont réellement dans le cas de profiter de ce bienfait, eu égard à leur état et à leur indigence.

« Les cotisations et les dons divers se sont élevés, pendant l'année 1846, à la somme de 2,318 fr. Les dépenses habituelles, et qui doivent se renouveler chaque année, comprennent : le loyer des salles, leur chauffage, l'éclairage, les menus frais d'entretien et de réparations, et le traitement des Sœurs ; elles se sont élevées à 1,700 fr. Il y aurait donc eu un excédent de 618 fr. ; mais il a fallu pourvoir aux frais de premier établissement, lesquels comprennent : l'achat du mobilier, tels que tables, gradins, bancs, armoires, poêle pour le chauffage, gobelets d'étain à l'usage des enfants ; il a fallu faire quelques grosses réparations pour approprier, autant que faire se pouvait, le local à sa destination. Tout cela a produit un déficit de quelques centaines de francs, que l'on a toutefois l'espoir fondé de voir comblé bientôt par la générosité de l'Administration municipale, qui a bien voulu venir au secours de l'Œuvre en autorisant MM. les Nobles Syndics à prendre les fonds nécessaires sur les dépenses casuelles et imprévues de l'exercice prochain.

« Au reste, on a fait un essai qui a réussi : c'est d'occuper les enfants à quelque petit travail manuel à leur portée, capable de fixer leur attention sans les fatiguer ;

cela sera sans doute peu productif, mais cela ne laissera pas que de procurer quelques petites ressources.

« Les personnes qui ont bien voulu visiter l'Asile ont admiré l'ordre maintenu par les bonnes Sœurs de Saint-Joseph, la patience angélique et les soins touchants dont elles entourent tous ces pauvres petis êtres; la docilité et l'attachement naïf avec lesquels ceux-ci répondent à la sollicitude de ces pieuses et saintes filles.

« Oh ! il faut en convenir, c'est toujours un spectacle admirable que celui que présente la véritable philanthropie, assise sur les bases de la morale et du désintéressement, et guidée par la main de la Religion. Qu'on nous dise ce que peuvent être, en regard des fruits salutaires d'une institution chrétienne de charité, les fruits d'une philanthropie toute terrestre, qui n'a que trop souvent sa source dans l'intérêt personnel, qui sert de masque à l'égoïsme et aux spéculations de l'amour-propre ou de la cupidité, ou bien qui n'affecte des sympathies hypocrites pour les misères humaines que dans un but pervers d'égarer les masses, de les jeter dans les utopies funestes et insensées du communisme, et de développer au milieu d'elles la défiance injuste ou la haine aveugle de celui qui n'a rien, souvent par sa faute, contre celui qui possède ! Qu'on nous dise ce que la société peut espérer de ces doctrines de désordre qui tendent à corrompre le peuple sous le faux semblant de s'intéresser à sa félicité !

« On ne saurait donc trop s'intéresser au développement des Salles d'Asile, institutions bienfaisantes qui, prenant l'enfant du pauvre au sortir du berceau, le placent sous la sauvegarde de la Religion, et viennent graver dans son jeune cœur, en traits qui ne s'effaceront point, les principes de toutes les vertus chrétiennes et sociales.

« Nous le répétons, cette Œuvre repose uniquement sur la charité publique, et nous invitons toutes les personnes qui peuvent y souscrire à le faire sans délai, *et celles qui l'ont déjà fait, à envoyer le montant de leurs cotisations respectives aux Dames sur la liste desquelles elles sont inscrites, en ayant soin de joindre leurs noms et le montant de leur offrande.* »

Cependant l'épreuve, qui est la loi de ce monde condamné à passer perpétuellement de la paix à la guerre, ne pouvait manquer aux Dames de Marie. Tenue en bride pendant toute l'année 1847, qui fut témoin du développement progressif de la Salle d'Asile, elle reçut la permission de s'abattre, en effet, sur elles, principalement pendant l'année 1848, avec tout un cortège d'angoisses et de sacrifices.

Le premier coup qui frappa la Congrégation fut l'expulsion des Pères Jésuites. Ceux-ci dirigeaient le Collège Royal depuis 1823. Leur influence pour le bien était considérable. Les élèves y accouraient de tous les pays circonvoisins, plus particulièrement de la France. Bon an mal an, ils étaient au nombre de cinq cents. En 1848, le personnel des professeurs des hautes classes était presque exclusivement Savoyard. Le R. P. Besson Pierre était recteur ; le P. Chabert Paul, préfet des classes ; le P. Ducis Jean-François occupait la première chaire de philosophie ; le P. Behsa Antoine, la deuxième chaire ; le P. Rouge enseignait les mathématiques ; le P. Giély Célestin, la rhétorique, et le P. de Coucy François remplissait la charge de directeur spirituel.

Les choses allaient leur train accoutumé, quand tout à coup, le 5 mars, dimanche de la Quinquagésime, en plein carnaval, arrive aux Jésuites l'injonction d'avoir à se retirer sans délai, et à l'administration de la ville celle de fermer aussitôt le Collège. Etait-ce une manière d'inaugurer l'avènement de la liberté qui avait été signé la veille, 4 mars, par Charles-Albert, avec le Statut fondamental de l'Etat ? L'ordre émanait du roi, il était urgent, il fut exécuté sur-le-champ, non pas toutefois avec la rudesse révoltante qui caractérisa l'expulsion de Mélan. M. le chevalier Coppier, MM. les syndics de Quincy et Rey et surtout M. Naz, juge du mandement, eurent le courage de faire adoucir, en faveur des maîtres et des élèves, les rigueurs de cette exécution. Mais enfin ils partirent. Leur départ causa un grand préjudice aux études, aux familles, au commerce, aux ouvriers et aux pauvres de la ville. Les Dames de Marie le sentirent non moins vivement. Avec eux, elles perdaient leur directeur et leur chapelle des réunions de piété.

Un mois après, de nouvelles craintes. Le 3 avril, les Voraces entraient à Chambéry, s'emparaient sans coup férir de l'Hôtel de Ville et proclamaient la République. Qu'allait donc devenir la Salle d'Asile ? A peine eut-on le temps de se le demander, dans un excès d'appréhension, que la République savoisienne prit fin vingt-quatre heures après par la dispersion de la colonne des envahisseurs. La Congrégation respira comme la population. Toutefois, elle n'était pas au bout de ses épreuves. Privées de leur directeur, lancées dans une Œuvre qui avait besoin de puissantes protections, les Dames de Marie allaient être menacées de perdre encore leurs auxiliaires presque nécessaires, les Sœurs de Saint-Joseph.

En effet, deux mois après l'affaire des *Voraces*, la Chambre des députés de Turin, dans sa séance du 9 juin 1848,

— 18 —

prenait en considération une pétition émanée du Cercle
national de la Capitale demandant une loi pour la suppression des Jésuites et *de leurs affiliés de toutes sortes.*
Quelles intentions précises couvrait cette vague formule ?
En vain les députés intéressés crièrent-ils à la calomnie
de la part du clergé ; l'instinct chrétien, éclairé du reste
par les déclamations de Gioberti, par les événements du
Sunderbund et l'esprit même de la pétition, y vit claire-
ment une menace de suppression pour toutes les com-
munautés religieuses enseignantes.

Aussitôt la Savoie fut debout pour protester avec plus
de force. Chambéry rédigea une contre-pétition réclamant,
au nom de la liberté, le maintien de toutes les corporations religieuses enseignantes, en particulier la conserva-
tion des Dames de la Visitation, des Dames du Sacré-
Cœur, des Sœurs de Saint-Joseph et des Frères de la
Doctrine chrétienne. A l'égard des Sœurs de Saint-Joseph,
la pétition disait : « Les Sœurs de Saint-Joseph ne recevant du Conseil municipal qu'un subside très faible, donnent l'instruction gratuite à toutes les jeunes filles de la
ville ; elles réunissent plus de six cents élèves, sans
compter les enfants de la Salle d'Asile, institution nais-
sante, soutenue jusqu'à ce jour par la charité privée.
Mais la charité privée, qui a fondé et qui continue à
entretenir les Sœurs et leurs écoles, tarirait du moment
où l'enseignement serait remis en d'autres mains que les
leurs. »

De leur côté, les Dames adressèrent au *Courrier des
Alpes* la protestation suivante, qui parut dans le numéro
du 13 juin de ce journal :

« *À Monsieur le Directeur du* Courrier des Alpes.

« Chambéry, 10 juin 1848.

« Monsieur,

« C'est avec raison sans doute que, sous tous les régimes, sous le régime monarchique comme sous le régime républicain, les femmes ont été exclues de la participation aux droits politiques. Elles ne s'en plaignent point ; mais par une juste compensation, il leur semble convenable que l'Etat, à son tour, ne s'immisce nullement dans le gouvernement de la famille, qui est si exclusivement de leur domaine. Elles pensent qu'à elles seules il appartient de choisir le pensionnat, l'école, la Salle d'Asile qui recevra leurs enfants, et sans crainte de se tromper, elles croient que, lorsqu'il s'agit de l'éducation de leurs filles, elles sont des juges infiniment plus compétents qu'aucun législateur, aucun député. Les lois, d'accord avec les convenances, ne leur permettent point de porter devant le Parlement l'expression de leurs craintes ; mais elles en appelleront à l'opinion publique, et devant ce tribunal supérieur à tous les autres, elles protesteront contre les mesures qui menacent des établissements qu'elles avaient entourés et soutenus de leur confiance ; elles protesteront contre tout ce qui blesserait leurs droits maternels : le plus précieux de ces droits est assurément celui de choisir librement l'institutrice, ou plutôt la seconde mère qu'elles jugent digne de les remplacer auprès de leurs enfants.

« Signé : *Les Dames de Chombéry.* »

Toutes les communes du duché imitèrent Chambéry. Les pétitions arrivèrent à la Chambre par centaines. Les députés Léon de Costa, Palluel, Jacquemoud et Girod, les présentèrent courageusement. Pendant quarante jours, ils montrèrent avec une saisissante éloquence que le pays n'était pas avec les expulseurs et leurs plus ardents représentants officiels, les députés de Sallanches et Bonneville, Chenal et Bastian. Ceux-ci comprirent que l'heure de la laïcisation entière des écoles n'était pas encore venue. Refoulant leur projet pour une date ultérieure, ils déclarèrent indirectement qu'il ne s'agissait, dans le projet de loi Bixio, ni des Sœurs de Saint-Joseph, ni des Frères, dont ils reconnaissaient d'ailleurs les services.

Encore une fois, les Dames de Marie étaient sauvées. Mais, dans leur joie, elles n'eurent pas l'égoïsme de ne point participer au deuil des corporations religieuses : Jésuites, Dames du Sacré-Cœur, Oblats de Saint-Charles, Liguoriens de Contamine-sur-Arve, dont l'expulsion fut votée dans les séances des 17, 18 et 19 juillet, en dépit des efforts magnanimes de tous les députés catholiques de Savoie.

§ 2

La Salle d'Asile de 1848 à 1860

Les Jésuites étaient chassés, la chapelle du Collège fermée à la Congrégation. Les Dames de Marie ne se déconcertèrent pas pour autant. Elles s'adressèrent à Mgr l'Archevêque, leur premier supérieur. Mgr Billiet leur donna un nouveau directeur dans la personne de l'un de ses grands-vicaires, secrétaire perpétuel de l'Académie de Savoie, M. le chanoine Chamousset, et désigna la Sainte-Chapelle pour le lieu de leurs exercices de piété.

Quant à la Salle d'Asile, Dieu n'avait pas cessé de la protéger. Le nombre des enfants sollicitant la faveur d'être reçus augmentait toujours. Il fallut changer le local, et, après une interruption de quelques mois pendant l'hiver, l'Œuvre fut reprise au printemps de 1848, dans des conditions plus favorables, qui permirent de recevoir ensemble de cent cinquante à deux cents enfants.

Les Dames de Marie, soutenues plus que jamais par l'Autorité et encouragées par le succès, déployèrent alors leur charité proportionnellement aux besoins des petits enfants que la Providence leur amenait. Elles cherchèrent de nouvelles souscriptions au prix minime de 2 francs, et s'efforcèrent de conduire chaque jour à l'Asile un plus grand nombre de visiteurs pour en faire des protecteurs de l'Œuvre, après les avoir rendus les témoins émus du bien qui s'y opérait.

La Salle d'Asile était ouverte au public tous les jours, de neuf heures à midi ; et le lundi de chaque semaine, de onze heures à midi, on pouvait assister aux exercices des enfants. Tout Chambéry y vint. Après le peuple et les familles aristocratiques de la ville, on y vit les Académies et les rois. Le 8 juin 1850, l'Académie de Savoie, qui avait pour président M. le marquis Léon Costa de Beauregard, y assistait à une séance extraordinaire. Elle y avait été précédée, quelques jours auparavant, par la jeune et très bonne reine Marie-Adélaïde, venue en Savoie à l'occasion du voyage qu'y fit le roi Victor-Emmanuel II pour la pose et la bénédiction de la première pierre du Palais de Justice de Chambéry. Cette cérémonie eut lieu le 27 mai 1850, à quatre heures de l'après-midi. Dans la matinée, la reine vint à l'Asile, accompagnée de ses deux enfants LL. AA. RR. le prince de Piémont Humbert et la princesse Clotilde.

Le *Courrier des Alpes*, numéro du 6 juin, rendit compte de cette visite en ces termes :

« Notre Salle d'Asile, visitée par notre bien-aimée souveraine, a excité toute la sympathie du Bon Ange de la Savoie, qui a daigné manifester sa royale satisfaction sur la tenue de l'établissement, et lui laisser en partant des marques de sa bienveillance. »

De si augustes témoignages de satisfaction couronnèrent le succès de l'entreprise devant l'opinion. Non seulement les familles d'ouvriers, mais encore les petits négociants à l'aise et absorbés par les affaires, ambitionnèrent de confier leurs enfants aux bonnes Sœurs. Les demandes dépassèrent du double le chiffre des réceptions possibles. Le local ne pouvait contenir que deux cents enfants, et il s'en présentait quatre cents.

Évidemment, un changement de local s'imposait pour

la seconde fois. Mais où se transporter ? Et puis, avec un local plus vaste, il faudrait une location plus coûteuse, une installation plus dispendieuse, un mobilier plus important, un personnel de Religieuses plus nombreux, des secours aux enfants pauvres plus abondants. Comment faire face à ce surcroît considérable de dépenses ? Les ressources des Dames de Marie unies à l'abnégation des Sœurs, n'y pourraient certainement pas suffire. Il y avait bien le trésor de la charité publique si généreux jusquelà, le trésor de l'administration communale si dévouée aux intérêts de la population. Mais accepteraient-ils d'entrer dans cette voie, et dans quelles mesures et pour combien de temps ?

Tout autant de questions qui se posaient. Le directeur des Dames de Marie, M. le vicaire général Chamousset, leur nouvelle présidente, Mme la comtesse Johanna Costa de Beauregard, la supérieure générale des Sœurs de Saint-Joseph, Révérende Mère Marie-Félicité Veyrat, étaient trois âmes singulièrement éprises du bien du peuple, en même temps que solidement douées des qualités nécessaires pour conduire heureusement de grands desseins. Réunies en conseil pour étudier la situation, elles conclurent à l'obligation de ne pas contrarier la Providence, et d'ouvrir toutes les voiles au souffle de la popularité qui poussait au large la petite barque de la Salle d'Asile.

Il fut donc décidé, d'un commun accord, qu'au lieu de louer un nouveau local, on en construirait un spécial, et qu'on le construirait assez vaste pour abriter commodément, au rez-de-chaussée, cinq cents enfants, et à l'étage supérieur, toutes les écoles gratuites de filles, entassées jusque-là dans la maison-mère de la communauté. On se distribua les rôles, on demanda le secours de Dieu, et l'on commença.

Les Sœurs de Saint-Joseph avaient accepté la charge la plus onéreuse, à savoir : l'acquisition du terrain à bâtir et les frais de construction. Au prix de forts emprunts, elles eurent le bonheur d'acquérir de l'administration des Hospices de la ville, dans les premiers mois de 1852, près de 2,000 mètres de terrain, comprenant un jardin et de vieux bâtiments occupés alors par la Salle d'Asile, le tout contigu et au couchant de leur couvent.

Les Dames de Marie avaient, le 17 décembre 1851, renouvelé leur conseil comme il suit : Présidente, Mme la comtesse de Costa ; assistantes, Mmes Dupuy et Forest ; secrétaire, Mme Revet ; trésorière, Mme la comtesse de Buttet née de Boigne ; conseillères, Mmes de Vignet, Roy, du Verger et Portier. Avec une admirable entente de vues et de dévouement, elles embrassèrent toutes, sous l'impulsion de leurs nouvelles dignitaires, la tâche qui leur avait été assignée, de provoquer des souscriptions dans le cercle de leurs relations. Chacune d'elles se chargea d'une liste de souscripteurs. Mme la Présidente écrivit, au nom du conseil, aux deux reines Marie-Thérèse et Marie-Adélaïde, pour solliciter leur royal appui ; elle fut assez heureuse pour en recevoir des réponses très favorables.. La jeune reine Marie-Adélaïde, en particulier, fit écrire par sa dame d'honneur, Mme la marquise Millet d'Arvillars, qu'elle portait un très vif intérêt à la Salle d'Asile de Chambéry, et qu'elle désirait très vivement la visiter une seconde fois.

Pendant ce temps, M. le chanoine Chamousset étudiait les ouvrages spéciaux, visitait, en prenant des notes, les

Salles d'Asile et les écoles modèles de Turin, de Grenoble, de Lyon et surtout de Paris. Il se mettait en rapport avec les personnages de l'Université de France qui faisaient autorité en cette matière, notamment avec M. Rendu, alors inspecteur des Salles d'Asile, et Mme Pape-Carpentier, directrice de l'Ecole normale des Salles d'Asile. Quand il eut rassemblé toutes les lumières nécessaires, s'aidant d'ailleurs du concours d'un architecte de talent de Chambéry, M. Pellegrini, il traça le plan de l'édifice projeté, et cela avec d'autant plus d'élégance et d'ampleur, qu'étant à la fois vicaire général du diocèse, directeur des Dames de Marie et supérieur des Sœurs de Saint-Joseph, il avait reçu de la R^{de} Mère Marie-Félicité Veyrat une entière liberté pour ne rien omettre de ce qui lui paraîtrait utile et de ce qui serait recommandé.

Le 3 juin 1852, le plan était achevé. Les Dames de Marie, convoquées ce jour-là par leur directeur, pouvaient le voir exposé à l'Archevêché, et, quelques semaines après, le mercredi 14 septembre, elles avaient la joie d'assister à la cérémonie de la bénédiction de la première pierre faite par Mgr Billiet. Les murs s'élevèrent lentement. Toutefois, le 10 juin 1854, les travaux étaient assez avancés pour que M. Chamousset procurât aux Congréganistes la satisfaction de les visiter. Le zélé directeur se fit lui-même leur guide, prenant plaisir à leur expliquer toutes choses.

Cependant, les Sœurs de l'Asile travaillaient à perfectionner encore leur méthode. Non contentes des lumières qu'elles avaient puisées dans les ouvrages et dans l'expérience de leurs dix années de pratique, elles envoyèrent quatre Religieuses d'entre elles visiter les Salles d'Asile de France. Turin, la capitale des Etats Sardes, possédait bien des *Scuole infantili* depuis le 18 décembre 1838, ainsi qu'une Société de propagation de ces écoles, approuvée par le roi dans l'audience du 21 août 1838 ; mais c'était toujours du côté de la France qu'on se tournait, en Savoie, pour les questions d'initiative et de progrès.

Les quatre Religieuses désignées employèrent les vacances de 1855 à ce voyage d'observations. Elles visitèrent les Salles d'Asile de Lyon et de Paris, soit publiques, soit libres, assistant aux exercices, interrogeant les maîtresses et notant tout ce qui leur paraissait utile. Elles eurent beaucoup à se louer particulièrement de leurs rapports assidus avec Mme Pape-Carpentier, qui prenait plaisir à leur communiquer les résultats de ses études et de sa longue expérience, et leur permettait d'assister aux leçons de l'Ecole normale, dont elle était la directrice.

C'est avec cet ensemble de connaissances qu'elles ouvrirent, en octobre 1855, la nouvelle Salle d'Asile dont la construction était bien avancée. Pendant les travaux, les cours avaient été transférés de la maison Louis, ciergier, livrée à la démolition, dans les bâtiments occupés aujourd'hui par l'Externat des Sœurs. Le premier étage de l'édifice neuf étant à peu près terminé, ce fut dans ses salles que les classes s'installèrent provisoirement ; outre les écoles gratuites, l'on put y recevoir deux cents et plus d'enfants.

Le gros œuvre et les travaux d'intérieur pouvaient donc être considérés comme achevés à cette date. Il fallait maintenant pourvoir au mobilier. Les Dames de Marie, dans leur réunion générale à l'Archevêché du 8 février 1855, avaient accepté la charge de le fournir. Ce fut au moyen d'une loterie autorisée par M. Gay di Quarti, in-

tendant général, qu'elles réussirent à tenir leurs engage-
ments. Elles avaient besoin d'environ 8,000 francs. Elles
fixèrent le nombre des billets à 8,000, et le prix de chacun
à 1 franc. Dès le 7 juin 1855, elles faisaient appel, dans les
feuilles publiques, à la générosité de leurs compatriotes
résidants et à l'étranger. Elles demandaient de l'argent et
des lots à tous, aux artistes, aux négociants, aux chefs
d'ateliers, aux ouvriers. La bienfaisance n'est jamais in-
voquée en vain à Chambéry. Elle leur répondit avec une
libéralité très large.

L'exposition des lots eut lieu à partir du jeudi-saint,
20 mars 1856. L'affluence des visiteurs fut considérable.
Tout curieux y devenait un bienfaiteur, prenant des billets ou apportant des lots. Le 25 mars, les Dames de
Marie avaient reçu 300 lots ; le 5 avril, elles en avaient
500. Aussi le tirage, fixé d'abord au 31 mars, puis ren-
voyé au 2 avril, au 3, n'eut lieu que le lundi 7. A ce jour,
on avait reçu 510 lots et placé 6,700 billets.

Trois semaines après, le 1er mai 1856, la Salle d'Asile
était complètement dégagée des vieux bâtiments qui en
obstruaient la vue. Le samedi 8 novembre, la façade principale, débarrassée de son dernier échafaudage, apparais-
sait avec son gracieux bas-relief de *Jésus bénissant les enfants*, que M. Vallet avait bien voulu sculpter gratuitement
au tympan de la grande porte. La population accourut
pour contempler ce nouveau travail de l'artiste distingué,
qui avait déjà doté sa ville natale du *Fronton* de la Halle
aux blés et de l'*Ange* de la résurrection qui couronne la
chapelle du cimetière. Elle se montra plus satisfaite encore de l'ensemble de la Salle d'Asile. En prenant place
parmi les plus jolis monuments de Chambéry, cet édifice
en devenait incontestablement un des plus utiles. « Au-

cune ville, disait-on, n'en possède peut-être de mieux approprié à sa destination. » Et ce n'était pas là du chauvinisme savoyard.

En effet, la nouvelle Salle d'Asile, placée au centre de la ville, se trouve à une distance peu considérable des quartiers les plus éloignés, avec lesquels elle communique par les rues les plus larges et les plus directes. Séparée des maisons environnantes par le boulevard, une rue, des jardins, elle occupe une des situations les plus salubres de Chambéry.

À l'intérieur, elle compte : 1° un *préau couvert* de 21^{m}33 de long sur 11^{m}5 de large et 5^{m}12 de haut, percé de six fenêtres sur chacun de ses plus larges côtés ; 2° *une cour de récréation* de 29 mètres de côté, bordée de trottoirs couverts, plantée d'arbres et pourvue d'eaux abondantes ; 3° *un réfectoire* assez vaste pour recevoir quatre cents enfants ; 4° *trois salles de gradins* cubant chacune 500 mètres d'air. Le tout convenablement meublé et fourni du matériel classique nécessaire *.

Ce fut un très grand succès de saine popularité. Aussi les aumônes continuèrent-elles à arriver de toutes les classes : de l'église, de la noblesse, de la magistrature, de la haute banque, du commerce et même des casinos. Le Conseil municipal ne pouvait pas demeurer en arrière de générosité sur des particuliers. À quoi, du reste, mieux employer le produit des impôts communs qu'au secours

---

* Lire attentivement, aux *Pièces justificatices*, le remarquable et très instructif rapport sur la Salle d'Asile, adressé en 1876 par M. le chanoine Chamousset à M. Baret, recteur de l'Académie de Chambéry.

des petits enfants des ouvriers? MM. les syndics de Quincy et Rey s'étaient montrés favorables à la Salle d'Asile dès sa fondation. Personnellement, MM. les syndics G. Forest, Chapperon et Delachenal le furent également. Mais c'est à l'administration de M. Martin que l'Œuvre fut redevable d'avoir été portée pour la première fois sur le budget de la ville. En 1857, elle y figura pour un subside de 1,000 francs. Ce même crédit fut maintenu en 1858, et, sous M. Perret, pour les exercices 1859 et 1860.

Forte de cet appui moral et financier, la Salle d'Asile put accepter tous les enfants qui se présentèrent, et donner des secours abondants aux moins riches d'entre eux. Informé du bien qu'elle faisait, le roi Victor-Emmanuel II voulut l'honorer de sa visite lors de son voyage de 1857, en Savoie, pour l'inauguration de la ligne du chemin de fer appelée de son nom. Le 2 septembre, journée consacrée à visiter les établissements de charité, il vint à l'Asile au sortir de Saint-Benoît, accompagné de M. Martin, syndic, qu'il avait fait monter dans sa voiture.

« Le Roi, raconte le *Courrier des Alpes*, numéro du 5 septembre, a paru très touché de l'allégresse de ces petits enfants et de leurs joyeuses chansons, dont tous les couplets étaient terminés par le cri de *Vive le Roi!* Les Dames de Marie et les bonnes Sœurs de Saint-Joseph s'empressèrent autour de Sa Majesté, dont les paroles bienveillantes leur seront à jamais un puissant encouragement. »

Deux ans après, la Salle d'Asile recevait encore, fin juin, la visite de la duchesse de Gênes et de ses deux enfants, le prince Thomas et la princesse Marguerite;

fin août, celle de LL. AA. RR. les princes Humbert et Amédée, conduits en Savoie par Cavour pendant la campagne d'Italie.

Ce fut le dernier honneur que lui accorda la royale et bienfaisante Maison de Savoie.

§ 3

La Salle d'Asile de 1860 à 1893

L'année 1860 est mémorable dans l'histoire de notre duché. Comme conséquence de la campagne d'Italie, et des traités de Zurich sanctionnant la paix de Villafranca, Victor-Emmanuel II signait, le 24 mars 1860, sous la réserve du consentement des populations, la cession de la Savoie et de Nice à la France. Pour apprécier et constater les vœux du pays, les deux gouvernements contractants choisirent le moyen du suffrage universel. Tous les Savoisiens majeurs, de 21 ans et n'ayant pas perdu la jouissance de leurs droits civils, furent donc appelés à voter au chef-lieu de leur commune dans les journées des 22 et 23 avril 1860. A la question posée : *La Savoie veut-elle être réunie à la France ?* l'électeur devait répondre par un *oui* ou un *non*. Le résultat fut celui-ci : Inscrits, 135,449 ; suffrages exprimés, 130,839 ; **oui**, 130,533 ; **non**, 235 ; bulletins nuls, 71. A Chambéry, le vote eut lieu à la Halle aux blés. Sur 3,953 inscrits, il y eut 3,919 votes, 3,588 *oui*, 22 *non*, 9 bulletins nuls. C'était l'unanimité.

A ce fait considérable, la Salle d'Asile gagna un accroissement de prospérité. C'est l'avantage et le péril des œuvres de se trouver en présence d'un public dont la masse, pour l'ordinaire, modèle sa conduite sur celle du pouvoir suprême. En France, les Salles d'Asile, depuis le décret du 16 mai 1854, étaient placées sous la protection de l'impératrice Eugénie, qui s'en occupait activement.

Aussi, quand M. le sénateur Laity fut envoyé par l'Empereur, au printemps ds 1860, pour étudier les besoins de la Savoie, il ne manqua pas de visiter la Salle d'Asile de Chambéry. Les Dames de Marie l'attendaient. Leur présidente, Mme la comtesse Eugène Costa, en vertu de la décision du conseil du 7 avril, avait rédigé une adresse à l'Impératrice. M. Laity vint à l'Asile le 16 avril 1860 : « Après avoir assisté, rapporte le *Courrier des Alpes,* numéro du 20 avril, aux exercices des enfants et admiré cet établissement modèle, tel qu'il n'en existe peut-être nulle part, a-t-il dit, de si bien approprié à sa destination, il a reçu une adresse que les Dames de l'Œuvre lui ont remise par la main de leur présidente, et qu'elles l'ont prié de vouloir bien transmettre à S. M. l'Impératrice. » M. Laity se chargea de cette mission avec infiniment de bienveillance. Effectivement, dix jours après, les Dames du conseil recevaient du cabinet du ministre de l'intérieur, signée Billault, une lettre en date du 25 avril leur exprimant, au nom de l'Impératrice, des remercîments pour les sentiments contenus dans leur adresse, et les assurant de toutes ses sympathies pour la Salle d'Asile.

Ce n'était pas une vaine promesse. L'Impératrice s'en souvint quand elle accompagna l'Empereur en Savoie au mois d'août de la même année. Les augustes voyageurs arrivèrent à Chambéry le 28 août. Le lendemain matin, à dix heures, elle vint visiter ses nouveaux protégés, suivie de M. le Maire, baron d'Alexandry, de Mme la comtesse de la Poëze et d'un chambellan. Elle fut reçue par Mgr Billiet, archevêque, entouré de Mgr Vibert, évêque de Maurienne, de M. Chamousset, vicaire général, de

M. Zévort, vice-recteur de l'Académie, de la R^{de} Mère Marie-Félicité Veyrat, de Mme la présidente, comtesse Eugène Costa, et des Dames de Marie.

« Sa Majesté l'Impératrice, dit le *Courrier des Alpes* du 1er septembre, a voulu voir la Salle d'Asile, établissement modèle qui fait honneur à notre ville. Elle s'est montrée très satisfaite, et a daigné à plusieurs reprises féliciter les vénérables Sœurs qui dirigent cet établissement. »

L'Empereur et l'Impératrice quittèrent Chambéry le 5 septembre, après l'avoir comblé de largesses s'élevant à une somme totale de 1,600,000 francs. La Salle d'Asile eut, pour sa part, 5,000 francs. Sans perdre son caractère primitif de Salle d'Asile libre et gratuite, elle vit toutes les administrations lui devenir de plus en plus favorables, à l'imitation des souverains. Le Conseil municipal qui, sur son budget de 1860, avait porté à 1,500 francs le subside qu'il lui allouait, le maintint régulièrement depuis jusqu'en 1884, après l'avoir porté du titre des *dépenses extraordinaires* à celui des *dépenses ordinaires*. En 1867, le département lui octroya 100 francs de secours. Les femmes des hauts fonctionnaires demandèrent à entrer dans la Congrégation. Du reste, les Sœurs de Saint-Joseph méritaient de tous les inspecteurs cet éloge qui résume leurs appréciations. « Elles observent exactement la méthode, et mettent au service de leur dévouement un tact pédagogique remarquable*. »

En 1869, lors de son second voyage en Savoie, l'Impératrice fit encore remettre 500 francs à l'Œuvre. En ré-

---

* *Journal des Salles d'Asile*, décembre 1866.

sumé, l'Empire fut pour la Salle d'Asile une période de bienveillance et de protection.

La République lui retira peu à peu les faveurs gouvernementales. Le décret du 2 août 1881, concernant les *Ecoles maternelles*, rendit plus laborieuse la tâche des Sœurs. Le subside de 1,500 francs, alloué par le Conseil municipal, fut supprimé à l'achèvement des écoles communales de filles en 1884. Le 3 octobre même année, la ville ouvrait dans le nouvel édifice une école maternelle laïque. Enfin, les Chefs de l'Etat viennent encore à Chambéry, mais ils ne daignent plus visiter la Salle d'Asile.

N'importe : il y a de la place pour tous au soleil de France. Les Sœurs conquièrent vaillamment aux examens les certificats d'aptitude requis. Les enfants arrivent toujours en nombre égal à quatre cent cinquante. Des bienfaiteurs nouveaux ont surgi. La Salle d'Asile se maintient ce qu'elle fut dès le commencement, libre, catholique, gratuite et prospère. Si Dieu daigne leur rester, avec son amour et la liberté, les Dames de Marie peuvent envisager tranquillement l'avenir.

§ 4

L'Ambulance de l'Asile

Cette étude pourrait se terminer là. Mais si l'esprit est satisfait, le patriotisme ne l'est pas. Permettez-moi d'ajouter un épisode glorieux pour la Salle d'Asile.

C'était en 1870-71, l'année des humiliations, du démembrement du territoire et de l'enlèvement de nos milliards ; l'année aussi, ne l'oublions pas, de tous les héroïsmes. Car, au dessus des défaites, il est une victoire qui a été remportée et qui a placé la France plus haut dans l'admiration du monde que les surprises de la guerre n'ont pu la faire descendre : ce fut la victoire immense du patriotisme de tous ses enfants. Le splendide chapitre à écrire que celui d'un tel triomphe ! La Savoie y occuperait une grande place d'honneur !

Alors, en effet, notre petite province donna à la mère-patrie un témoignage d'attachement plus éloquent que ses 150,000 votes d'annexion : elle donna son sang et le plus sublime dévouement. Pendant que les plus nobles de ses fils mouraient ou tombaient glorieusement mutilés sur le champ de bataille, ceux qui gardaient les foyers se dépouillaient, dans un élan magnanime, pour égaler les secours aux besoins. Ce n'était partout chez nous que souscriptions, quêtes et offrandes : pour les familles pauvres des soldats, pour les blessés de terre et de mer, pour les victimes du froid, pour les prisonniers en Allemagne. Tout le monde y prit part : riches, pauvres, communes, prêtres, religieux, écoles, académies, sociétés. Oh ! nous le répétons, l'admirable spectacle que celui-là !

Les Dames de Marie ne le cédèrent à personne en patriotisme. Toutes, elles contribuèrent à toutes les souscriptions, et leurs noms figurent parmi les plus généreux*. Mais, indépendamment de ces aumônes, elles eurent à elles leur œuvre collective, une ambulance volontaire et gratuite qu'elles établirent, de concert avec les Sœurs de Saint-Joseph, dans les salles de l'Asile. Dès le 30 août 1870, le *Courrier des Alpes* annonçait l'installation de cette ambulance avec vingt-cinq lits. L'Autorité départementale l'agréa aussitôt et l'affecta spécialement aux blessés à recevoir, tandis que l'ambulance des Hospices et celle des Capucins étaient destinées aux malades de la garnison de Chambéry. Par les soins du comité spécial chargé des ambulances fixes, joignant ses efforts à ceux des Dames de Marie et des Sœurs, le nombre des lits fut porté plus tard à cinquante et même à cent. L'ambulance, d'ailleurs, était parfaitement établie. M. l'abbé Turinaz, directeur de la Congrégation, le futur et brillant évêque de Nancy, remplissait les fonctions d'aumônier, visitant les malades chaque jour et célébrant la messe, chaque dimanche, à l'autel qui avait été placé dans le préau couvert. MM. Besson et Dénarié étaient chargés du service médical et chirurgical. Les bonnes Sœurs faisaient les infirmières. Les Dames de Marie tenaient l'ouvroir qu'elles avaient ouvert à côté de l'ambulance, pour son approvisionnement de linges et autres provisions nécessaires.

* Voir le *Courrier des Alpes* et la *Baronne de Châtillon*, par M. le chanoine Monachon, p. 121.

Cet ouvroir était alimenté par le travail des Dames de Marie, leurs aumônes, celles du public, des Sœurs de Saint-Joseph, de leurs élèves (parmi lesquelles nous signalons l'Externat, qui offrit la somme réunie pour sa fête de sainte Catherine), le travail des jeunes filles de la Providence, enfin les envois en nature du Comité départemental de secours pour les victimes de la guerre, institué le 14 août par M. le Préfet, avec M. le marquis d'Oncieu pour président, et M. le vicaire général Rosset pour vice-président.

Outre l'entretien de l'ambulance de l'Asile, l'ouvroir des Dames de Marie devint un centre de travail et de distributions de secours. Le compte de ces distributions n'a pas été tenu exactement. Citons du moins les chiffres suivants qui ont été marqués : *à l'ambulance des Capucins*, une centaine de draps, plus de douze douzaines de serviettes et de chemises ; *aux Sœurs de l'Hôtel-Dieu*, des paquets de compresses et de bandes ; *à l'ambulance de la garde nationale mobilisée*, des linges de pansement ; *aux mobiles, mobilisés et prisonniers en Allemagne*, cent paires de chaussettes, cinquante cache-nez, quarante gilets de laine, vingt-quatre caleçons, quatre douzaines de mouchoirs de poche.

Les blessés, longtemps attendus, n'arrivèrent que le 19 novembre ; ils y demeurèrent jusqu'au printemps avancé. Avec quel dévouement ils furent traités, la lettre suivante, insérée dans le numéro du 1er avril 1871 du *Courrier des Alpes*, le dira suffisamment :

« Chambéry, 30 mars 1871.

« *Monsieur le Rédacteur en chef du* COURRIER DES ALPES.

« Je viens vous prier, Monsieur, de vouloir bien m'ouvrir les colonnes de votre estimable journal, pour témoigner aux Sœurs de Saint-Joseph et aux Dames de Marie toute la gratitude que j'éprouve des bons soins qu'elles m'ont prodigués pendant près de quatre mois. Je croirais manquer à tous mes devoirs, si je ne manifestais publiquement ma reconnaissance pour le dévouement dont elles ont fait preuve, ainsi que toutes les personnes employées à l'Asile de Saint-Joseph, non seulement envers moi, mais aussi envers tous ceux qui, au milieu des misères de ces derniers temps, ont eu le bonheur de tomber entre leurs mains.

« Veuillez agréer, Monsieur le Rédacteur, mes remercîments pour l'insertion de cette lettre.

« Léon ANSELME, dit le PETIT ISRAËLITE,
soldat au 18e de ligne. »

Fondées pour être à Chambéry des apôtres d'œuvres de charité, les Dames de Marie montrèrent, dans cette année terrible de 1870-71, que la piété catholique est utile à tout, aux œuvres de patriotisme le plus pur, aussi bien qu'aux œuvres de miséricorde individuelle.

Messieurs,

Votre illustre Académie est un puissant instrument de progrès scientifique, littéraire et artistique en Savoie. Vous êtes notre second institut de France, pour nous

Savoyards, et nous en sommes fiers. Non seulement vous travaillez beaucoup, et les quarante-huit volumes de vos *Mémoires* et *Documents* en sont une preuve péremptoire, mais encore vous encouragez le travail intellectuel sous toutes ses formes.

C'est pourquoi j'ai pensé aller aussi au-devant de vos désirs, en vous faisant connaître dans le détail l'institution de la Salle d'Asile de Chambéry. En vous racontant les origines et le développement de cette œuvre d'éducation populaire, j'ai été amené à décerner des éloges aux Dames de Marie et aux Sœurs de Saint-Joseph. Je les leur ai donnés avec d'autant plus de satisfaction, qu'en les louant, je croyais vous louer vous-mêmes. Leurs noms ne sont-ils pas les vôtres ? Et la noble émulation pour le bien qui les caractérise ne décèle-t-elle pas entre elles et vous une communauté de race, ces liens intimes du sang qui s'appellent dans la famille des noms de mère, d'épouse, de fille et de sœur ?

Mais résumons leur œuvre :

Cinquante ans de travail.

Un grand édifice construit.

Cinq cents enfants du peuple abrités chaque année.

Plus de 2,000 familles ouvrières aidées.

Plus de 5,000 enfants des deux sexes imprégnés, comme des vases d'albâtre, de l'arome de la foi catholique.

Plus de 100,000 francs dépensés en nourriture et en vêtements. Somme considérable prélevée, non sur les deniers publics, mais dans le trésor de la charité privée.

Des milliers et des milliers d'actes de vraie fraternité, de nature à développer la compassion du riche, la patience du pauvre, et à cimenter de plus en plus parmi nous l'antique union des classes, qui a fait le renom d'honnêteté de la vieille Savoie.

Devant ces résultats, je comprends mieux l'importance de cette proposition de Joseph de Maistre : « C'est, sans doute, à notre sexe qu'il appartient de former des géo-mètres, des tacticiens, des chimistes, etc., etc. ; mais ce qu'on appelle l'*homme*, c'est-à-dire l'*homme moral*, est peut-être formé à dix ans, et, s'il ne l'a pas été sur *les genoux de sa mère*, ce sera toujours un grand malheur. Rien ne peut remplacer cette éducation. » *(Soirées, 3º Entretien.)*

Honneur donc aux femmes chrétiennes qui se dévouent à l'éducation morale et religieuse des enfants des ouvriers ! Elles sont plus que jamais la force et la gloire de notre pays.

RAPPORT DE M. LE CHANOINE CHAMOUSSET

A M. BARET, RECTEUR DE L'ACADÉMIE DE CHAMBÉRY

SUR LA

SALLE ·D'ASILE DE CHAMBÉRY

A M. BARET, Recteur de l'Académie de Chambéry.

MONSIEUR LE RECTEUR,

Avant de commencer ce rapport, je m'empresse de vous exprimer les sentiments de vive reconnaissance que nos Sœurs de Saint-Joseph et moi nous éprouvons pour l'intérêt que vous avez manifesté pour cet établissement.

Une première Salle d'Asile libre a été ouverte à Chambéry dès 1845, dans un local provisoire, par les soins et la générosité des Sœurs de Saint-Joseph et d'une Société de Dames patronnesses, dont le nombre s'élève de 90 à 100. Elle a continué ainsi jusqu'en octobre 1855, époque où le bâtiment actuel a été entièrement achevé, et la nouvelle Salle d'Asile est entrée en plein exercice.

Chargé, en 1850, par les Sœurs de Saint-Joseph, dont j'étais alors le Supérieur, de faire le plan et de diriger la construction d'un édifice dont le rez-de-chaussée serait exclusivement consacré à la Salle d'Asile, et l'étage supérieur aux écoles de filles, j'ai fait ce que j'ai pu pour ne pas rester trop au-dessous de cette tâche difficile. J'ai étudié les ouvrages spéciaux, visité, en prenant des notes, les meilleures Salles d'Asile et les écoles de Turin, Grenoble, Lyon et surtout de Paris, et pour ce qui concerne les Salles d'Asile, je me suis mis en rapport avec M. Rendu, alors inspecteur des Salles d'Asile, avec Mme Pape-Carpentier, directrice de l'Ecole normale des Salles d'Asile, avec les meilleures maîtresses et plusieurs autres personnes compétentes. Je leur conserve à tous une sincère reconnaissance.

Après ce travail préliminaire, j'ai tracé le plan de l'édifice, en tenant compte de la forme et de l'étendue du terrain mis à ma disposition, et aussi du besoin et des habitudes de la population de Chambéry. Il m'a été possible, par l'entière liberté et la faculté de dépenser que les Sœurs de Saint-Joseph m'ont accordées, de ne rien omettre de ce qui m'a paru utile et de ce qui est recommandé. Nos Sœurs ont épuisé dans cette construction toutes leurs modestes réserves, et ont en outre contracté des emprunts considérables qui pèsent encore lourdement sur elles.

Je ne dirai rien, dans ce rapport, de l'étage supérieur, sinon qu'il est partagé en nombreuses pièces parfaitement aérées, recevant en général l'air et la lumière sur deux faces opposées, et toutes convenablement chauffées par les calorifères établis au rez-de-chaussée dans chacune des pièces de la Salle d'Asile. Les dimensions des classes sont en rapport avec le nombre des élèves qu'elles doivent recevoir ; leur hauteur est de 4^m50. Toutes les bonnes conditions pour la salubrité et le bien-être des élèves y sont observées. A la fin de chaque leçon, les fenêtres sont toujours ouvertes, même dans la saison froide ; ces pièces sont alors chauffées de nouveau par les calorifères avant la rentrée des élèves.

Toutes ces pièces communiquent entre elles par des portes intérieures réservées pour la directrice des écoles et les maîtresses. Les élèves arrivent chacune dans leurs classes respectives par une galerie extérieure pratiquée sur toute la longueur du bâtiment. Cette galerie a permis d'éviter la construction d'un corridor, dont un des grands inconvénients eût été de fermer l'accès de l'air et de la lumière sur tout un côté de l'édifice.

Il est très utile, pour une Salle d'Asile, que les écoles de filles soient établies dans le même bâtiment ; les parents ont ainsi la facilité de confier leurs petits enfants aux élèves des écoles, soit pour les conduire à l'Asile, soit pour les ramener à la maison.

Les Sœurs ont eu le bonheur de pouvoir acquérir de l'administration des Hospices, pour cette construction, un local assez vaste, situé au centre de la ville et séparé des maisons environnantes par les boulevards, une large rue et des jardins. L'air y est très pur. C'est peut-être le lieu le plus salubre de Chambéry.

§ 1er. — Plan de la Salle d'Asile.

J'ai l'honneur de vous communiquer un plan de la Salle d'Asile. Il est exact dans son ensemble ; mais je regrette que la personne qui l'a levé ait omis de figurer les latrines établies dans la cour, les lavabos du préau couvert et plusieurs autres détails. Le plan figure dans la cour trois rangées d'arbres, il n'y en a en réalité que deux. L'espace qui les sépare est égal aux espaces compris entre les arbres et les extrémités de la cour. Enfin, les petits bancs sur lesquels les enfants sont assis, soit dans le préau couvert, soit dans les trois salles à gradin, sont mal représentés. Des trois rangées parallèles de bancs, une est appliquée contre le mur, deux seulement s'avancent dans les pièces et sont tellement disposées, qu'elles ne nuisent en rien à la circulation et aux manœuvres. Sous ce rapport, le plan est défectueux et incomplet.

Malgré ces défectuosités, ce plan me permettra d'être plus clair et plus court dans la description de l'ensemble.

La situation de l'édifice au centre de la ville qui n'est pas grande, fait qu'il se trouve à une distance peu considérable des quartiers les plus éloignés, avec lesquels il communique par les rues les plus larges et les plus directes. Il a donc été possible d'y établir une Salle d'Asile pouvant recevoir tous les petits enfants de la ville qu'on voudrait y envoyer, car ils y sont tous conviés et reçus avec empressement et sans aucune exception. J'ai calculé que le nombre des enfants inscrits n'arrive jamais à 500 ; qu'ainsi, le nombre des enfants présents pourrait s'élever à environ 400. Ce nombre étant trop élevé pour une Salle d'Asile unique, j'ai adopté une disposition qui n'avait pas encore été pratiquée et qui m'a paru très avantageuse. J'ai partagé les enfants en trois catégories, et j'ai établi trois salles à gradin pouvant contenir chacune 150 enfants ; l'expérience ayant prouvé qu'en général les Salles d'Asile fonctionnent mieux lorsque le nombre des enfants dépasse 100 et ne s'élève pas au-dessus de 150. Les tout petits enfants, garçons et filles, forment la première catégorie et occupent la première salle à gradin. Les filles les plus grandes sont dans la seconde salle, et les garçons les plus grands sont dans la troisième.

Cette division des enfants est le caractère spécial de la Salle d'Asile de Chambéry. On comprend qu'il est bon de modifier un peu la méthode pour les tout petits enfants, et que leur mélange avec les plus grands retarde un peu ceux-ci. Quant à la séparation des garçons et des filles dans les deux autres sections, elle n'a pas été faite dans un but de moralité ; nous n'avons pas vu d'inconvénient sérieux dans le mélange des deux sexes à cet âge tendre. Mais la différence des sexes semble demander une différence dans les leçons et les méthodes. L'expérience nous a prouvé que cette division des enfants en trois sections offre des avantages réels, et qu'il est bon de la pratiquer toutes les fois que le nombre des enfants le permet.

Une seule cour de récréation, un seul préau couvert et un seul réfectoire suffisent pour les trois sections ; chacun y a sa place indiquée ; les enfants s'y tiennent sans qu'il y ait besoin de barrières pour les séparer, la seule obéissance suffit.

Dans les manœuvres générales, les trois sections se réunissent et forment un tout en marchant les uns à la suite des autres.

La façade de l'édifice est sur les boulevards du Théâtre et présente deux ailes et une cour au milieu. Celle-ci est séparée des boulevards par une grille en fer. La grande porte principale P s'ouvre au milieu de la façade et donne entrée dans le préau couvert A. Cette porte, habituellement fermée, ne sert que dans quelques circonstances rares et solennelles. L'entrée journalière se fait par une seconde porte P, qui sert aux écoles et à l'Asile. Les enfants pénètrent dans le vestibule V ; ceux des écoles montent aux classes par l'escalier E, et ceux de l'Asile sont reçus par une Sœur dans le parloir B, et immédiatement introduits dans le préau couvert A. A l'autre extrémité du vestibule V, est un second parloir B' pour recevoir les parents et les visiteurs.

Vis-à-vis de la porte principale P, le préau couvert a une porte P' qui s'ouvre sur la cour de récréation ou préau découvert ; une autre porte P'' qui donne l'entrée dans le réfectoire R, et une autre porte P''' vis-à-vis, donnant accès dans la première salle à gradin S, destinée aux tout petits enfants.

A la suite de la salle à gradin S, viennent les deux autres salles à gradin S' et S", réservées, l'une S' aux plus grandes filles, et l'autre S" aux plus grands garçons.

Préau couvert. — Cette salle a 22 mètres de long, 11 mètres de large et 5 mètres de haut. Un calorifère situé au centre la réchauffe doublement, et comme poêle et comme calorifère. Les murs sont revêtus d'une boiserie de 1^m20 de hauteur, contre laquelle est appliquée une première rangée de petits bancs dans tout le pourtour, à l'exception des parties LL et L'L'. Deux autres rangées de bancs sont établies en avant et parallèlement à la première, de sorte que tous les enfants peuvent être commodément assis. Ces bancs ont une même largeur de 0^m25 contre les murs et de 0^m20 dans les rangées intérieures. Leur hauteur varie depuis 0^m17 pour les tout petits enfants, jusqu'à 0^m21 pour les plus grands, afin que les enfants étant assis aient les pieds appuyés sur le plancher, tout en conservant aux genoux une position horizontale et aux jambes une direction verticale. Les planchers, dans cette salle comme dans toutes les autres, sont en bois de sapin, lequel est moins froid que les bois durs et les briques.

Deux lavabos, contenant chacun 11 cuvettes, sont établis, l'un contre le mur LL, et l'autre vis-à-vis, contre le mur L'L'. Ces cuvettes se remplissent et se vident très promptement par un simple jeu de robinet. Les trois sections d'enfants y sont amenées les unes après les autres; les 22 cuvettes suffisent pour que les enfants d'une section puissent être lavés en peu de temps; il suffit pour cela de remplir et vider successivement six fois les cuvettes. (Ces cuvettes n'ont pas été figurées dans le plan qui vous est transmis.)

Six fenêtres situées sur chacun des plus longs côtés de la salle, vis-à-vis les unes des autres, donnent une abondante lumière et permettent le renouvellement facile de l'air.

Préau découvert, ou cour de récréation.— Cette cour est un carré, à peu près régulier, de 29 mètres de côté. Le sol en est uni et battu. Un trottoir de 1m20 de largeur, sur lequel la pluie n'arrive pas, a été établi le long des murs de l'édifice ; les enfants peuvent y circuler sans se mouiller les pieds, même pendant le mauvais temps. Une rangée de petits bancs est aussi disposée le long des murs. Deux lignes d'arbres donnent de l'ombre et de la fraîcheur en été, et indiquent à chaque section d'enfants la place qu'elle doit occuper régulièrement. Mais très souvent, dans certains jeux et certaines manœuvres, toutes les sections parcourent la cour tout entière.

Le préau couvert, le réfectoire et les trois salles à gradin ont des portes par lesquelles ils communiquent directement avec la cour.

Latrines. — (Elles ne sont point représentées dans le plan.) Elles sont placées dans la cour en OO, dans un enfoncement du mur et ne font pas saillie dans cette cour. Elles sont situées de manière à être facilement surveillées, et sont très bien aérées. Les enfants peuvent y arriver de toutes les salles sans être incommodés par la pluie, en suivant le trottoir décrit plus haut. Elles ont 16 compartiments. On se conforme exactement aux prescriptions de l'article 6 du règlement général.

Réfectoire. — Cette salle a 18 mètres de longueur, 8m75 de largeur et 5 mètres de hauteur. Le mur est revêtu dans tout le pourtour d'une boiserie de 1m70 de hauteur, portant quatre rangées d'étagères pour recevoir les paniers des enfants, à l'exception de la partie FF où est établi un fourneau de cuisine, et de la partie GG où se trouve une pompe surmontée d'un réservoir. L'eau élevée dans ce réservoir est distribuée à volonté, soit dans les chaudières du fourneau, soit dans les lavabos du préau couvert.

Douze tables ayant 5m45 de long, 0m50 de large et 0m50 de hauteur, recouvertes d'une toile cirée tenue très propre, sont disposées au milieu de la salle, dont elles occupent la plus grande partie. A l'heure fixée, les enfants arrivent en ordre et se distribuent des deux côtés de chaque table à la place qui leur est désignée, et où ils trouvent les mets que chacun avait apportés dans son panier. Ces douze tables peuvent recevoir plus de 400 enfants. Après la prière, chaque enfant se met à l'œuvre avec ardeur.

Cet exercice, qui est le plus agréable aux enfants, est un de ceux qui lui sont le plus profitables. C'est là que les maîtresses ont la meilleure occasion de leur apprendre la propreté, la politesse, la bonne tenue, la bienveillance, etc., etc. ; qu'elles peuvent mieux connaître et corriger les défauts de chacun des enfants. Durant le repas et surtout à la fin, l'enfant le plus sournois sort de lui-même et se montre tel qu'il est.

Dans certains jours de fête, les enfants ont la permission de parler pendant le repas. Tout d'abord, ils n'en usent guère ; mais à mesure que l'appétit et les provisions diminuent, le babil commence, et tous ces petits anges s'abandonnent à une gaîté innocente que l'homme adulte ne connaît plus. Cependant, tout se passe dans le plus grand ordre sous la surveillance des maîtresses.

Ce banquet joyeux de 400 petits enfants est le plus beau spectacle qu'on puisse voir.

Outre les avantages sommairement exposés plus haut, le réfectoire spécial délivre le préau couvert de l'encombrement des paniers et d'un désordre plus ou moins inévitable.

L'idée d'une salle uniquement destinée aux repas des enfants avait déjà été réalisée à Chambéry dès 1845, dans la première Salle d'Asile provisoire. Dès lors, la plupart des Salles d'Asile qui ont été créées en Savoie ont eu leur réfectoire spécial. Des Dames de passage à Chambéry ayant reconnu, en visitant notre Salle d'Asile, la grande utilité de ce réfectoire, ont porté leurs bonnes impressions dans le midi de la France où, m'a-t-on dit, on a établi ces mêmes réfectoires dans plusieurs Salles d'Asile.

Salles à gradin. — Les trois salles ont les mêmes dimensions : 12 mètres de long, 8m75 de large et 4m80 de hauteur, et contiennent ainsi un volume d'air de 500 mètres cubes. Ce volume est largement suffisant pour la salubrité des enfants, surtout si l'on a soin, comme on le fait à Chambéry, d'ouvrir les fenêtres, même en hiver, chaque fois que les enfants quittent la salle, et de les tenir en été presque habituellement ouvertes pendant les exercices. A quelle heure de la journée qu'on entre dans ces salles, on peut reconnaître que l'air y est parfaitement pur.

Chaque salle a son poêle-calorifère C qui, tout en chauffant directement la salle, y introduit une masse d'air pur et chaud. Des expériences plusieurs fois répétées ont prouvé qu'en hiver, une température de 10° est celle qui convient le mieux. Les enfants souffrent à une température plus basse ; ils sont comme appesantis et endormis à une température plus haute. Lorsque le thermomètre est à environ 10°, l'enfant se trouve bien et il vient à l'Asile avec plaisir. Tous les calorifères employés à la Salle d'Asile ont été fournis par la maison Ledru-Bourmonville ; ils fonctionnent très bien et n'occasionnent qu'une dépense médiocre en combustible. Ils peuvent être alimentés avec la houille ou le bois, au moyen d'une simple modification dans la grille. Nous employons la houille de préférence.

Les murs sont revêtus d'une boiserie jusqu'à la hauteur de 1m20 ; une première rangée de bancs s'applique contre cette boiserie le long des deux murs latéraux, à l'exception de la partie des murs qui correspond aux gradins ; deux autres rangées de bancs sont disposées en avant et parallèlement.

Le haut de la boiserie porte des caselles pour les crayons d'ardoise, la craie, etc. Les ardoises sont suspendues au-dessous ; le reste de la boiserie est figuré en panneaux de 0^{m}33 de large. C'est l'espace moyen qu'occupent les enfants, de sorte que ceux-ci ont chacun leur panneau contre lequel ils sont assis. Cette division des boiseries en panneaux de 0^{m}33 a aussi été adoptée dans les boiseries du préau couvert.

Dans la première salle S, destinée aux tout petits enfants, les bancs ont une hauteur de 0^{m}17. Dans les deux autres salles S' et S", cette hauteur est de 0^{m}20.

Les gradins sont établis au sommet des trois salles. Ils occupent dans la salle S" toute la largeur de la salle, soit 8^{m}75. Le nombre des gradins y est de 8. Dans les deux autres salles, il y a 9 gradins d'une longueur de 5 mètres. Une boiserie s'élève de chaque côté. Entre cette boiserie et les murs, est un double passage qui fait communiquer les salles entre elles. Nous verrons plus bas l'utilité de cette communication.

Dans les trois salles, les marches des gradins ont toutes la même largeur, 0^{m}47. Celle du sommet qui n'a pas à recevoir les pieds des enfants, d'une marche supérieure, n'a qu'une largeur de 0^{m}25.

Mais la hauteur des marches varie d'une marche à l'autre et augmente à mesure qu'on monte dans le gradin, la plus basse étant moins élevée parce qu'elle reçoit les enfants les plus jeunes. Ainsi dans la salle S, la marche la plus basse n'a qu'une hauteur de 0^{m}14, et la plus haute a 0^{m}18. Dans les deux autres salles S' et S", les marches sont plus élevées : la marche inférieure a 0^{m}18, la supérieure a 0^{m}21.

Ces hauteurs ont été calculées avec soin en faisant asseoir les enfants de différents âges, et nous ont paru les plus convenables.

Sur les murs des trois salles sont exposés : 1° une statue de la Sainte Vierge, qui est là comme une bonne Mère surveillant ses chers petits enfants ; 2° un crucifix qui leur rappelle la bonté infinie du Rédempteur.

Chaque salle a aussi un cadran qui indique les heures, et contient tout le mobilier usité dans les Salles d'Asile : les porte-tableaux surmontés de leurs oriflammes, les bouliers-compteurs, les ardoises, les gravures, etc., et un harmonium ; cet instrument est reconnu d'une grande utilité pour l'exercice du chant.

Des placards ou des armoires reçoivent les ouvrages qui traitent des Salles d'Asile, les registres et tout le petit matériel qui peut être employé dans les leçons.

Les trois salles sont convenablement éclairées ; la salle S a d'un côté quatre fenêtres de 1 mètre de large sur 2 mètres de hauteur, disposées en deux fenêtres géminées, et de l'autre côté un vitrage placé au-dessus de la porte. La disposition du bâtiment n'a pas permis d'établir des fenêtres de ce côté. Cependant la salle ne manque pas de lumière, et la ventilation se fait très bien lorsque la porte et les fenêtres sont ouvertes. Dans les deux autres salles S' et S", il y a de chaque côté deux fenêtres géminées placées vis-à-vis les unes des autres, deux du côté du midi et deux du côté du nord. Lorsque la porte et les fenêtres sont ouvertes, la ventilation se fait presque instantanément, car il y a de chaque côté des ouvertures de 8 mètres carrés, plus l'ouverture de la porte. On peut conserver une fraîcheur convenable en été, pendant les exercices, à l'aide de rideaux placés devant les fenêtres et en tenant celles-ci ouvertes, ce qu'on peut faire sans inconvénient à raison de l'élévation des fenêtres au-dessus du plancher.

Dans les trois salles à gradin, le préau couvert et le réfectoire, les fenêtres sont établies à une hauteur plus grande qu'on n'a l'habitude de le pratiquer ; le bas de la fenêtre est à 2ᵐ25 au-dessus du plancher. Cette disposition a été adoptée pour plusieurs motifs dont l'expérience a prouvé la réalité :

La lumière est plus douce, et le recueillement s'obtient beaucoup plus facilement ;

Le bruit de la rue est considérablement amorti ;

Les boiseries peuvent être établies sans solution de continuité au-dessous des fenêtres ;

L'air qui pénètre toujours par les fenêtres, quel que soit leur bon état, ne tombe pas directement sur les enfants, et en dehors des temps orageux, elles peuvent rester ouvertes en été sans inconvénient.

J'ai beaucoup regretté que l'espace dont je pouvais disposer ne m'ait pas permis de donner à chacune des trois salles à gradin, au lieu de 12 mètres, une longueur de 16 à 18 mètres. J'aurais fixé pour les marches une largeur légèrement plus grande, et, au lieu de trois rangées de bancs, je n'en aurais placé que deux de chaque côté, une contre le mur, l'autre un peu en avant. Cependant la largeur des salles fait que ces inconvénients n'ont pas été trop sensibles.

Pompes. — Deux pompes fournissent de l'eau très pure provenant de la nappe d'eau qui circule dans le sable à une profondeur de 1 à 2 mètres dans tout le bas Chambéry. Cette eau a été reconnue, par les analyses de M. Calloud, comme eau potable de première qualité, lorsqu'elle n'a pas été souillée par des infiltrations latérales d'eau étrangère. Une pompe est établie dans le réfectoire, et l'autre au fond de la cour.

La pompe du réfectoire est une pompe foulante qui élève

l'eau : 1° dans un premier réservoir pour le service de la cuisine et des lavabos ; 2° dans un second réservoir établi dans les combles et fournissant de l'eau pour l'étage supérieur, où sont les écoles de filles. Ce second réservoir fournira aussi de l'eau pour les jeux variés de jets d'eau qu'on s'est proposé depuis quelque temps d'établir dans la cour, afin de récréer les enfants à certains jours plus solennels, tels que le jour des Saints-Innocents, qui est leur jour de fête, les jours de la distribution des récompenses, lorsqu'ils reçoivent la visite de personnages distingués, etc. Les Sœurs et les Dames patronnesses ont pensé, comme moi, que ces amusements intéresseraient vivement les petits enfants et les attacheraient encore davantage à la Salle d'Asile.

Je termine cette description du local en exprimant une conviction qui est chez moi profonde et permanente. Les soins apportés dans la bonne distribution des pièces, leurs proportions et leur ameublement, ont sans doute une influence réelle sur la bonne tenue et le succès d'une Salle d'Asile ; mais les résultats que nous avons obtenus doivent être principalement attribués à la capacité et au dévouement de la Sœur directrice et des autres maîtresses, et aussi au zèle et à la bonté des Dames patronnesses.

§ 2. — DIRECTION INTÉRIEURE DE LA SALLE D'ASILE.

La Salle d'Asile provisoire, ouverte en 1845 et continuée jusqu'en 1855, avait mérité, malgré l'imperfection du local, la réputation d'une bonne Salle d'Asile par les excellents résultats obtenus. Pendant les vacances de 1855, quatre Sœurs ont visité les meilleures Salles d'Asile de Lyon et de Paris, soit publiques, soit libres, assistant aux exercices, notant tout ce qui leur paraissait digne de remarque, et recueillant de la bouche des maîtresses religieuses ou laïques tous les éclaircissements qui leur paraissaient utiles.

Elles ont eu beaucoup à se féliciter de leurs rapports assidus avec Mme Pape-Carpentier, directrice de l'Ecole normale, qui prenait plaisir à leur communiquer les résultats de ses études et de sa longue expérience, et leur permettait d'assister aux leçons de l'Ecole normale.

Les Sœurs avaient d'ailleurs étudié et approfondi les ouvrages les plus solides publiés jusque-là sur les Salles d'Asile.

C'est avec cet ensemble de connaissances acquises qu'elles ont ouvert, en octobre 1855, la nouvelle Salle d'Asile dont la construction était achevée.

Les traditions de ces premières Sœurs se sont communiquées successivement aux Sœurs qui leur ont succédé ; car, dans les Congrégations, rien ne se perd. On a continué à se procurer tous les bons livres nouveaux qui paraissaient sur les Salles d'Asile, et quoique la Salle d'Asile de Chambéry soit une institution libre, et qu'alors la Savoie ne fût pas encore française, les Sœurs n'ont pas cessé de s'inspirer des excellentes prescriptions officielles qui réglaient en France les Salles d'Asile publiques.

Personnel. — Huit Sœurs sont attachées à notre Salle d'Asile : Une Sœur directrice (la Sœur directrice actuelle a neuf ans d'exercice) ;

Deux Sœurs spécialement chargées de chaque section ;

Une Sœur converse faisant plus particulièrement fonction de concierge.

Les Sœurs sont aidées, surtout en ce qui concerne la propreté, par deux filles de service.

Nombre des enfants. — Depuis 1855, le nombre de enfants inscrits s'est approché de 500, chiffre qui n'a pas été dépassé et qui a subi quelques oscillations. Il y a aujourd'hui ... enfants inscrits.

Mobilier. — Il a été décrit en grande partie dans le premier paragraphe, en parcourant les différentes pièces du bâtiment. Il est à peu près conforme aux prescriptions du règlement officiel des Salles d'Asile.

On a fait essai, pendant quelque temps, de la méthode Frébel, en l'appliquant avec discernement pendant quelques heures de la journée. On avait acquis pour cela 500 boîtes et le matériel. Les enfants y prenaient intérêt ; mais il aurait fallu, vu le grand nombre des enfan's, agrandir le local et multiplier sans mesure le nombre des maîtresses. On a dû y renoncer.

Règlement et horaire. — Le règlement suivi dans l'Asile est le même qué celui des Salles d'Asile publiques, sauf quelques modifications légères et peu importantes exigées par les circonstances des temps et des lieux.

L'enseignement est maintenu dans les sages limites fixées par les règlements officiels. On donne au chant l'importance qu'il mérite, à la satisfaction des parents et des enfants.

La distribution du temps est la même que celle des Salles d'Asile officielles, sauf pour certains exercices, quelques changements d'heure commandés par les besoins de la localité.

Circulation et manœuvres. — La division des enfants en trois catégories et l'existence des trois salles à gradin paraissent, au premier abord, devoir produire quelque confusion dans les manœuvres. Il n'en est rien.

Les trois salles à gradin communiquent chacune par une porte spéciale avec la cour. Il n'y a donc aucune difficulté lorsque les enfants doivent passer de leur salle dans la cour, et *vice versa.*

Lorsque les enfants doivent passer du préau couvert dans leur salle à gradin, on les dispose en un seul bataillon, comme s'il n'y avait qu'une seule salle à gradin. Les garçons les plus grands sont à la tête, à la suite viennent les plus grandes filles, et à la fin tous les plus petits enfants.

Le bataillon entre d'abord dans la salle S ; les garçons poursuivent leur marche jusque dans la dernière salle S" et montent à leur gradin ; les filles de la deuxième section pénètrent dans la salle S' et s'installent aussi dans leur gradin ; enfin les petits enfants, qui arrivent les derniers, vont occuper leur gradin de la salle S.

De même pour revenir des salles à gradin dans le préau couvert ou bien au réfectoire, les enfants se tiennent debout sur leur gradin dans les trois salles, prêts à se mettre en mouvement. Les garçons de la salle S" s'ébranlent les premiers ; lorsqu'ils sont arrivés dans la salle S', les filles se mettent à leur suite, sans solution de continuité ; et lorsqu'elles traversent la salle S, les petits enfants les suivent. Et toute la petite famille ne forme qu'un seul bataillon qui s'arrête dans le préau couvert ou va au réfectoire.

On voit ici pourquoi on a établi des communications entre les trois salles. Lorsque les enfants sont au gradin, les portes de communication sont fermées, et tout se passe comme s'il n'y avait qu'une seule salle à gradin.

Dans les manœuvres ou marches générales exécutées au préau couvert ou dans la cour, tout se passe comme dans les Asiles ordinaires : la première section forme la tête de la ligne ; la deuxième section vient ensuite, puis enfin tous les petits enfants.

Le gradin de la salle S" étant le plus grand, peut recevoir, en les serrant un peu, les deux premières catégories ; les plus grands garçons occupent un des côtés du gradin, les plus grandes filles l'autre côté du gradin. L'exercice du gradin prend alors un caractère plus solennel. On use de cette facilité de temps en temps, ce qui détermine une louable émulation entre les garçons et les filles.

Ventilation et propreté. — Il en a déjà été parlé dans le premier paragraphe. Les portes et fenêtres sont toujours ouvertes après la sortie des enfants ; et, en été, lorsque le temps est bon, les fenêtres restent ouvertes même pendant les exercices, leur élévation au-dessus du plancher permettant de le faire sans inconvénient et sans que l'on ait à craindre les courants d'air.

Les salles sont balayées deux fois par jour et lavées aussi souvent que cela est nécessaire.

Les Sœurs insistent auprès des parents pour que les enfants arrivent dans un état convenable de propreté ; les exercices du lavabo s'exécutent avec soin ; la plus grande surveillance suit les enfants aux lieux d'aisance ; on observe sur ce point les prescriptions du règlement général des Salles d'Asile.

Repas des enfants. — Chaque enfant doit apporter sa nourriture dans son petit panier. Mais tout cela est froid, on leur prépare donc dans le fourneau du réfectoire une excellente soupe. Une grande assiettée coûte aux parents cinq centimes. La soupe est donnée gratuitement aux pauvres ; on prépare aussi, pour les plus indigents, quelques mets substantiels qu'ils n'ont pas à payer. On fait aussi réchauffer dans le four les mets apportés par les enfants.

Pendant longtemps, tous les enfants avaient l'obligation de prendre leurs repas à l'Asile. Le nombre des tables était suffisant pour les recevoir tous. On a tenu à cette règle autant que cela a été possible ; le bon ordre de l'Asile y trouvait son compte, et les enfants en étaient plus heureux. On s'est trouvé contraint, depuis quelque temps, à se relâcher sur ce point pour retenir un certain nombre d'enfants que les parents nous auraient enlevés sans cette permission. Mais les enfants qui vont prendre leurs repas dans leur maison ont l'obligation de rentrer à l'Asile aussitôt après.

Encouragements donnés aux enfants. — Les Sœurs dominent les enfants, même les plus récalcitrants, par la fermeté unie à la bonté. On a rarement recours à des punitions, qui sont toujours très légères. Les Sœurs, lorsqu'elles y sont contraintes, laissent voir qu'elles le font avec regret et pour le bien de l'enfant. Celui-ci le comprend et ne murmure pas. Les petits enfants cèdent beaucoup plus qu'on ne serait porté à le croire à la sage raison. Le sentiment religieux a surtout une très grande influence sur eux. Mais ils se révolteraient, s'ils découvraient dans leurs maîtresses le moindre sentiment d'irritation ou de partialité. Les Sœurs mettent le plus grand soin à l'éviter. Les décorations, les bons points et les bonnes notes sont un excellent stimulant ; les enfants ont une grande satisfaction lorsqu'ils peuvent les présenter à leurs parents, qui en éprouvent eux-mêmes une douce joie.

Quelques fêtes viennent, par intervalle, récréer et encourager les enfants. La première a lieu le 28 décembre, jour de la fête des saints Innocents, qui a été choisie pour la fête de l'Asile. Ce jour-là, les enfants sont conduits avec beaucoup d'ordre à l'église Métropolitaine, où a lieu la cérémonie religieuse. Les parents ont eu soin de les vêtir de leurs plus beaux habits. Au retour à l'Asile, les enfants trouvent préparé un excellent petit repas, auquel ils font le plus grand honneur. Les parents sont admis ce jour-là dans les salles et partagent le bonheur de leurs enfants. Ce même jour, le nombre des enfants présents est à peu près égal à celui des enfants inscrits. Le premier jour de l'an et dans quelques autres circonstances, les enfants reçoivent de petits gâteaux et d'autres friandises, dont ils sont très contents.

A la fin de l'année a lieu la distribution solennelle des récompenses ; il est bien entendu que tous les enfants, sans exception, en reçoivent.

Ces divers encouragements rendent les enfants heureux, leur font aimer la Salle d'Asile et les prédisposent mieux à profiter de la sage direction qui leur est donnée par les maîtresses.

§ 3. — Les Dames Patronnesses et l'Administration financière.

La Salle d'Asile de Chambéry n'a d'autre ressource assurée qu'une subvention de 1,500 francs accordée, depuis quelques années, par l'Administration municipale. Cependant elle n'a jamais éprouvé des besoins réels, et elle est même habituellement pourvue de beaucoup de choses utiles qui manquent à d'autres Salles d'Asile. C'est là une de ces merveilles qui paraissent impossibles et que la charité chrétienne produit sans peine.

L'administration financière est entièrement réservée aux Dames patronnesses, qui sont au nombre de 90 à 100. Les Sœurs leur ont confié ce soin, et les Dames s'en acquittent très bien.

Aux 1,500 francs donnés par la Ville, les Dames ajoutent leurs offrandes personnelles et les dons qu'elles ont le talent de provoquer et de recueillir.

Sur ces ressources, les Dames prélèvent 1,200 francs qu'elles remettent aux Sœurs pour les aider à payer une partie des intérêts des sommes empruntées pour la construction de la Salle d'Asile. Les huit Sœurs attachées à l'Œuvre ne reçoivent aucune allocation; les Dames n'ont donc à payer que le salaire des deux filles de service, qui sont prises en dehors de la Congrégation.

Mais elles ont à pourvoir à l'entretien du mobilier, qui est toujours maintenu en parfait état, ainsi qu'aux secours en nourriture et en vêtements délivrés aux enfants nécessiteux. Nous avons vu que ceux-ci reçoivent gratuitement la soupe, et les plus malheureux, des mets préparés pour eux. On leur fournit aussi des vêtements de toute nature et des

chaussures. Les Dames confectionnent elles-mêmes les vêtements, dont elles n'ont à payer que l'étoffe. Pour cela, elles
se réunissent tous les vendredis dans une salle située au
premier étage, et travaillent ensemble à la confection des
vêtements ; elles travaillent encore dans leur propre domi-
cile lorsque le besoin s'en fait sentir.

Il se présente ici une grave difficulté : il y aurait un
inconvénient sérieux à venir au secours des familles qui
peuvent se suffire ; ce serait les habituer à la mendicité et
à des sentiments bas et vils. D'ailleurs, ce serait détruire
les liens de la famille, car, en général, les parents aiment
leurs enfants en proportion de ce que ceux-ci leur coûtent
de soins et de sacrifices, et les enfants aiment leurs parents
en proportion des services qu'ils en reçoivent. D'autre part,
il serait inhumain d'abandonner sans les secourir ces bons
petits enfants, qui manqueraient de pain et de vêtements.

La difficulté disparaît par l'institution des Dames patronnesses : dispersées dans tous les quartiers de la ville, elles
connaissent les familles, les visitent au besoin, et peuvent
juger avec certitude de la nature et de l'étendue de la
misère qu'il faut soulager. Aussi, les secours sont-ils géné-
ralement distribués avec sagesse.

Restait encore une difficulté : les familles secourues se
sentent humiliées lorsque l'aumône reçue est connue. Les
Dames patronnesses se sont imposé une règle très sage
qu'elles observent rigoureusement. Les secours sont toujours délivrés aux parents sans que personne n'en ait connaissance, autres que les Dames et les personnes secourues.
Les Dames ont même porté la délicatesse jusqu'à préparer
les vêtements des enfants pauvres avec des étoffes variées
et leur donner des formes différentes, pour qu'on ne puisse
pas reconnaître ceux qui sont secourus par l'uniformité
d'un costume.

Les Dames patronnesses exercent encore dans les familles une influence très bienfaisante. Il n'est que trop vrai

que les enfants voient et entendent souvent dans leurs maisons ce qui est opposé aux bonnes leçons qu'ils reçoivent à l'Asile ; que les parents les maltraitent par moment, ou tout au moins s'irritent contre eux sans raison ; qu'enfin les enfants y sont mal soignés sous le double rapport de la propreté et de la nourriture. Les Dames, dans leurs visites à la famille, donnent de sages conseils qui sont souvent bien écoutés. Elles obtiennent aussi des parents insouciants qui retiennent leurs enfants à la maison sous de futiles prétextes, qu'ils les envoient à l'Asile et qu'ils les y envoient avec assiduité.

Ces exercices de la bienfaisance chrétienne font du bien aux Dames elles-mêmes. Elles sont touchées par la vue de la misère qu'elles vont découvrir, et elles aiment les pauvres en raison des services qu'elles leur rendent. Ainsi la charité rapproche les conditions, unit les familles séparées par l'opulence et la pauvreté, et tend à établir, dans la mesure de ce qui est possible, l'égalité chrétienne ; car le mobile puissant qui encourage les Dames dans leur œuvre souvent difficile, c'est la pensée que les pauvres sont, parmi les enfants de Dieu, ceux qu'il chérit de préférence, qu'ils méritent à ce titre le plus grand respect, et que le riche lui-même n'a de valeur devant Dieu qu'autant qu'il soulage ceux qui souffrent en ce monde.

On voit, par ce qui précède, que la Salle d'Asile de Chambéry est l'œuvre commune des Sœurs de Saint-Joseph et des Dames patronnesses. Les Sœurs fournissent le local, et les maîtresses apportent tout le dévouement de la charité et du zèle dans la direction intérieure de l'Œuvre. Les Dames s'occupent avec succès de l'administration financière et de l'Œuvre extérieure. Leurs efforts réunis ont produit, dès 1845 jusqu'à ce jour, les résultats les plus heureux. J'ai admiré constamment, pendant ces trente années, l'harmonie parfaite qui n'a cessé d'exister entre la

Congrégation de Saint-Joseph et les Dames patronnesses. Elles rivalisent de zèle et de dévouement ; c'est l'unique lutte que j'ai pu reconnaître entre elles.

J'arrête ici, Monsieur le Recteur, ce rapport déjà trop long, mais qui le serait davantage si j'avais à parler de l'efficacité de l'Œuvre pour le bonheur de nos enfants. J'aurais à vous citer une infinité de traits touchants et bien propres à établir l'utilité des Salles d'Asile lorsqu'elles sont bien conduites.

J'ai l'honneur d'être avec respect,

Monsieur le Recteur, etc.

(Signé à l'original.)   F. CHAMOUSSET, *chanoine.*

RÉPONSE DE M. L. PILLET

Président de l'Académie

AU RÉCIPIENDAIRE

Monsieur l'Abbé,

Avant d'avoir entendu votre lecture, nous savions que vous étiez prédestiné, depuis bien des années, à devenir membre de l'Académie de Savoie. Parent, par votre mère, de J.-Fr. Ducis, de l'Académie française, parent et disciple de notre savant confrère le chanoine Ducis, j'oserais presque dire que vous étiez né académicien.

Si quelque chose a pu nous surprendre, c'est de voir votre réception retardée jusqu'à ce jour, après les travaux si nombreux et si méritants qui devaient vous ouvrir nos portes.

Au début de votre carrière ecclésiastique, vous étiez, à Rumilly, le collaborateur, le vicaire d'un prêtre éminent, M. Jean-Louis Simond, qui fut curé de Rumilly pendant cinquante-sept ans, de 1819 à 1876.

Bien différent de son homonyme, Philibert Simond,

né à Rumilly, dont le cardinal Billiet a écrit la triste biographie, Jean-Louis Simond, né à Samoëns, est venu donner dans cette même ville de Rumilly l'exemple de toutes les vertus chrétiennes.

Associé pendant six ans à ses œuvres, témoin de sa mort édifiante, vous avez raconté en termes émus cette carrière si bien remplie, et les ovations qui ont entouré son tombeau.

Mgr Rosset, évêque de Maurienne, Mgr Pichenot, votre archevêque, vous ont déjà remercié au nom du clergé, et félicité de ce premier début dans la carrière des lettres.

Vous avez pareillement rendu hommage à d'autres personnages distingués morts à Rumilly pendant le temps de votre vicariat :

Le docteur Béard, en 1872; — R^d Jean-Jacques Trabichet, curé de Bloye, en 1874; — Sœur Marie de Sainte-Rose; — Mme Françoise Comoz; — Mme Laravoire; M. Albert-Eugène Ringuet; — le chanoine Éloi Descotes, etc.; vous avez consacré à tous quelques pages dans les journaux pour en conserver le pieux souvenir.

Vous avez même, je puis le dire, ressuscité des morts plus anciens, dont on commençait à perdre la mémoire : le chanoine *Pompée Salteur de La Salle*, qui fut proposé pour l'évêché de Lausanne, en 1677.

En racontant l'histoire de l'instruction publique à Rumilly aux XVIIe et XVIIIe siècles, vous avez rendu hommage à Mme Philiberte Juge, fondatrice première du collège de Rumilly, en 1650;

A R^d Claude Paget, à noble Bernardino Perret d'Hauteville, qui l'ont doté de nouvelles chaires, dans ce

même XVII° siècle, en attendant que le curé Simond le
fit renaître de ses cendres, en 1823.

Vous avez consacré quelques pages aux écoles pri-
maires de Rumilly, créées par des ecclésiastiques dévoués,
Pierre Songeon, François Reynaud, et par des dames
pieuses, dont les noms méritaient d'être sauvés de
l'oubli.

Je ne puis tout citer de ce charmant volume que vous
avez publié, en 1889, sous le nom de *Glanes rumilliennes*.

Après votre vicariat de Rumilly, vous avez été nommé
curé de Saint-Cassien, en 1878. Là, vous avez encore
employé vos loisirs à des recherches utiles.

Vous avez eu la bonne fortune de pouvoir étudier les
registres des ordinations faites par notre grand saint
François de Sales, depuis l'an 1602 à l'an 1621. Cela
vous a permis de le suivre pas à pas dans ses visites
pastorales, et en même temps de constater le nombre
croissant des ordinations dans son diocèse. Ce nombre,
qui était en moyenne de 20 chaque année, s'élève à 40
de 1612 à 1616, et jusqu'à 53 de 1617 à 1621. Par là,
vous avez opposé une réfutation mathématique à ces
critiques superficiels qui mettaient en doute le zèle de
notre grand Saint dans ses fonctions épiscopales.

Vous avez publié en même temps de nouvelles lettres
inédites du même saint Évêque, trouvées dans les archi-
ves de la Grande Maîtrise des Saints Maurice et Lazare
à Turin. L'une d'elles suffirait à prouver qu'il écrivait
l'italien aussi élégamment que le français.

Fixé enfin dans notre ville de Chambéry, en 1882,
comme aumônier des Sœurs de Saint-Joseph, vous y

avez dirigé la Congrégation des Dames de Marie et la Salle d'Asile, qui est leur œuvre.

Chaque année, vous avez imprimé un Compte moral et financier. Ce sont des chiffres toujours précieux, et en même temps des résumés clairs et élégants des événements survenus dans l'année.

Comme couronnement, je me fais un plaisir de rappeler le cinquantenaire de l'Œuvre des Dames de Marie, que vous avez fêté solennellement il y a quelques mois.

Peu après votre arrivée à Chambéry, la Congrégation des Sœurs de Saint-Joseph était éprouvée par un grand deuil. Elle perdait, le 6 avril 1885, Révérende Mère Marie-Félicité née Veyrat, Supérieure générale de la Maison de Chambéry et de la Congrégation tout entière.

Vous étiez naturellement appelé à écrire sa vie, ou plutôt à consigner les souvenirs de sa longue et sainte carrière.

Vous avez publié alors une *Notice biographique* très remarquée, qui fut aussitôt traduite en italien et qui restera comme un monument dans l'histoire de notre pays.

La Mère Marie-Félicité est une personnalité qui honore l'Institut des Sœurs de Saint-Joseph et le diocèse de Chambéry, où elle est née et où elle a passé sa vie.

C'est elle qui, de sa petite maison de Chambéry, fit essaimer de nombreuses et fécondes colonies : d'abord dans le diocèse de Moulins, avec treize maisons ; puis au Danemark, avec sept maisons ; le Brésil, aussi sept maisons ; la province Norvégio-Suédoise, encore avec sept maisons, en y comptant l'annexe russe de Moscou ; enfin, en dernier lieu, notre Maison-Mère de Chambéry annexe, qui le croirait? la province de Rome, avec les huit maisons qui la composent.

Je saisis avec bonheur cette occasion de signaler cette véritable *gloire de la Savoie* plus méritante que tant d'autres dont on a fait beaucoup plus de bruit.

Je ne parlerai même pas de nombreux articles bibliographiques et autres que vous avez insérés au *Courrier des Alpes,* dans le *Monde* et dans l'*Univers,* etc., ni des panégyriques que vous avez composés pendant cette période. Tous sont écrits dans ce style à la fois classique et élégant dont vous avez le secret. Quelques-unes de ces publications, jointes au zèle que vous avez déployé pour organiser dans le diocèse de Chambéry la participation aux fêtes jubilaires de N. S. P. le Pape Léon XIII, en 1887, vous ont valu, en 1888, la croix *Pro Ecclesia et Pontifice* *.

Je ne puis passer sous silence une lecture que vous avez faite au Congrès des Sociétés savantes de la Savoie,

---

* COPIE DU DIPLÔME PONTIFICAL. — La Santità di Nostro Signore si è degnata concedere la Croce *Pro Ecclesia et Pontifice* à Monsieur l'abbé Léon Bouchage, Secrétaire de Chambéry, per la parte distinta che esso ha presa alle mondiali dimostrazioni, con le quali è stato festeggiato il Giubileo Sacerdotale della Santità Sua.

Il Cardinale Segretario di Stato ha il piacere di trasmettere al medesimo la detta Croce a norma del Breve « Quod singulari » del quale si unisce copia.

Roma li 26 ottobre 1888.

(Place du sceau.)   *Il Cardinale Segretario di Stato,*
M. Card. RAMPOLLA.

Visum :

† FRANCISCUS SALESIUS ALBERTUS,
Archiepiscopus Camberiensis.

Camberii, 17ª Aprilis 1890.

réunies à Chambéry en 1890, sur le *Saint-Suaire de Chambéry, à Sainte-Claire-en-Ville, avril et mai 1534.*

Vous avez su retrouver un titre qu'on croyait égaré : c'est le récit naïf des Religieuses Clarisses chargées de réparer la relique insigne du Saint-Suaire, endommagée par l'incendie de la Sainte-Chapelle de Chambéry.

Après une histoire succincte du Saint-Suaire donné par Marguerite de Charny au duc Louis de Savoie, vous nous racontez le terrible incendie du 4 décembre 1532, le sauvetage de la précieuse relique, et les précautions minutieuses prises pour assurer les réparations et surtout pour en bien constater l'identité, qui fut établie, le 15 avril 1534, par le délégué du Saint-Siège, Mgr Gorrevod, évêque de Maurienne, en présence du duc, de prélats et de la noblesse du pays. Les bonnes Religieuses racontèrent alors, dans un exposé extrêmement intéressant, tout ce qui fut fait en cette circonstance.

R⁴ Piano, l'historien du Saint-Suaire, déplorait la perte de ce document dont vous avez eu la bonne chance de retrouver une copie authentique.

Dans une autre brochure, vous avez donné la biographie bien obscure encore de saint Célestin et de sainte Valencienne, martyrs, dont les corps, extraits des catacombes de Rome, ont été donnés à la Maison des Sœurs de Saint-Joseph de Chambéry.

Je ne veux pas oublier les vieilles cloches de Notre-Dame de Chambéry, pauvres invalides, qui ont été admises à la retraite le 30 août 1893, après de loyaux services. Avant de les voir livrer au pilon, vous avez voulu recueillir pieusement les inscriptions gravées sur leurs armures de bronze. Vous avez en même temps décrit le jeune et brillant carillon qui a pris leur place, ainsi que les inscriptions d'une fine latinité, inscriptions dont vous êtes véhémentement soupçonné d'être l'auteur.

Monsieur et cher Collègue,

Ces publications nombreuses et variées suffisaient pour attirer sur vous les yeux de notre Académie. Aussi vous a-t-elle nommé membre agrégé déjà en 1884, et membre effectif le 5 juin 1890.

C'est une longue et pénible fatigue des organes de la vue qui seule a retardé jusqu'à ce jour la fête de votre réception.

Le discours que vous venez de prononcer aujourd'hui justifierait, s'il en était besoin, le choix et l'empressement de notre Compagnie. La nombreuse assemblée qui l'a écouté avec une si visible attention, ratifierait, j'en suis sûr, notre scrutin.

Venez donc enfin, notre nouveau et cher Confrère, occuper ce fauteuil qui vous est destiné depuis si longtemps.

CHAMBÉRY, IMPRIMERIE C. DRIVET

DU MÊME AUTEUR

Rérér. J.-L. Simond, archiprêtre-curé de Rumilly. — Annecy, 1876.

Notes historiques sur saint François de Sales. — Annecy, 1881.

La Révérende Mère Marie-Félicité Veyrat, Supérieure générale des Sœurs de Saint-Joseph de Chambéry. — Chambéry, 1885. 3ᵉ édition.

Le Très Saint-Sacrement et les Religieuses de Saint-Joseph. Abbeville, 1886.

La Chasuble des Saints de Savoie et les Noces d'Or de S. S. Léon XIII. — Chambéry, 1887.

Le Calice des Noces d'Or de S. S. Léon XIII, offert par les Enfants de Marie de Saint-Joseph de Chambéry. — Chambéry, 1887.

Congrégation des Dames de Marie. — Règlement (3ᵉ édition, remaniée et augmentée par l'abbé L. B.). — Chambéry, 1888.

Le Bienheureux Jean-Baptiste de la Salle. — Panégyrique prononcé dans la Basilique Métropolitaine de Chanbéry le 12 juin 1888. Montreuil-sur-Mer, 1889.

Glanes Rumilliennes, soit *Etudes historiques sur Rumilly (Haute-Savoie).* — Rumilly, 1889.

Les Corps Saints de la Chapelle des Sœurs de Saint-Joseph de Chambéry. — Chambéry, 1890. — 2ᵉ édition.

Le Saint-Suaire de Chambéry au Monastère de Sainte-Claire-en-Ville (1531). — Chambéry, 1891.

Comptes Rendus de la Salle d'Asile de Chambéry. — Œuvre de la Congrégation des Dames de Marie. — Années 1884, 1885, 1886, 1889, 1890, 1891, 1892.

L'Œuvre de la Sainte-Enfance à Chambéry. — Exercices 1883-1886, 1887, 1888, 1889, 1890, 1891, 1892, 1893.

Petite Bibliothèque de Saint-Joseph (Plusieurs tracts en feuilles volantes).

Les Cloches de Notre-Dame de Chambéry. — Chambéry, 1893.

Quelques Articles écrits au courant de la plume. — Recueil illustré de trois phototypies. — Annemasse, 1893.

La Salle d'Asile de Chambéry. Discours de réception prononcé à l'Académie de Savoie dans la séance solennelle du 14 décembre 1893. — Chambéry, 1894.